本册主编◎龚建新

编写人员◎叶敬国 吴苏东 唐玉霞 赵桂梅 冯 卫 孙云云 张伟华 佘晓芹

课外专项阅读

高分阅读

非连续性文本阅读

中学版

南京大学出版社

扫一扫
答案与解析全知道

图书在版编目(CIP)数据

课外专项阅读.非连续性文本阅读：中学版/龚建新主编. ——南京：南京大学出版社，2017.4（2018.7重印）
（高分阅读／吉福海主编）
ISBN 978-7-305-18377-5

Ⅰ.①课… Ⅱ.①龚… Ⅲ.①阅读课—中学—教学参考资料 Ⅳ.①G634

中国版本图书馆CIP数据核字（2017）第059558号

出版发行	南京大学出版社
社　　址	南京市汉口路22号　　邮编　210093
出 版 人	金鑫荣
丛 书 名	高分阅读
书　　名	课外专项阅读・非连续性文本阅读・中学版
主　　编	龚建新
责任编辑	胥露进　金春红　　编辑热线 025-83686596
照　　排	南京理工大学资产经营有限公司
印　　刷	江苏扬中印刷有限公司
开　　本	889×1194　1/16　印张 7.5　字数 200千
版　　次	2017年4月第1版　2018年7月第3次印刷
书　　号	ISBN 978-7-305-18377-5
定　　价	22.00元

网　　址：http://www.njupco.com
官方微博：http://weibo.com/njupco
微信服务号：njuyuexue
销售咨询热线：(025)83594756

＊版权所有，侵权必究
＊凡购买南大版图书，如有印装质量问题，请与所购图书销售部门联系调换

第一部分　单一非连续性文本

第一单元　统计数据表格 ………………………………………………………… 2
第二单元　图表(曲线图、柱状图、饼状图) …………………………………… 6
第三单元　图解文字 ……………………………………………………………… 10
第四单元　凭 证 单 ……………………………………………………………… 14
第五单元　使用说明书 …………………………………………………………… 20
第六单元　广　　告 ……………………………………………………………… 24
第七单元　地　　图 ……………………………………………………………… 27
第八单元　漫　　画 ……………………………………………………………… 32
第九单元　时 间 表 ……………………………………………………………… 37

第二部分　多重非连续性文本

第十单元　同一形式的多重非连续性文本 ……………………………………… 42
第十一单元　不同形式的多重非连续性文本 …………………………………… 46

第三部分　混合文本

第十二单元　连续性文本＋非连续性文本 ……………………………………… 56

参考答案与得分技巧解析 ………………………………………………………… 96

第一部分
单一非连续性文本

第一单元

统计数据表格

TONG JI SHU JU BIAO GE

真题导航

 例1 (江苏省苏州卷)

下表为"某市二轮电动车实际使用量和车辆事故率的统计表",请对表中提供的信息进行比较分析,回答问题。

某市二轮电动车实际使用量和车辆事故率的统计表

项目年份	实际使用量		车辆事故率	
	公安机关 已登记车辆	公安机关 未登记车辆	公安机关 已登记车辆	公安机关 未登记车辆
2014年	1.3万辆	7.2万辆	24.6万辆	75.4万辆
2015年	2.1万辆	10.7万辆	15.1万辆	84.9万辆

1. 分别写出这两年二轮电动车实际使用量和车辆事故率的变化特点。

   答:_____
   _____
   _____

2. 根据表格信息,请就如何减少二轮电动车车辆事故率提出一条合理建议。

   答:_____
   _____
   _____

答题技巧解析

1. 此题属于非连续性文本中的统计表格,这种形式在生活中和其他学科(如数学、物理、历史等)的学习中也经常遇到。

2. 统计表一般由四部分组成,即表头、行标题、列标题和数字资料,此外,必要时可以在统计表的下方加上表外附加。表头一般放在表的上方,它所说明的是统计表的主要内容,如本题中的"某市二轮电动车实际使用量和车辆事故率的统计表",就是表头;行标题和列标题通常安排在统计表的第1列(如本题的"项目年份")和第1行(如本题中"实际使用量"和"车辆事故率"),它所表示的主要是所研究问题的类别名称和变量名称。如果是时间序列数据,行标题和列标题也可以是时间,当数据较多时,通常将时间放在行标题的位置。表的其余部分是具体的数字资料;表外附加通常放在统计表的下方,主要包括资料来源、指标的注释和必要的说明等内容。

3. 解答表格类非连续性文本,一要看表头"某市二轮电动车实际使用量和车辆事故率的统计表",明确表格主题,确定答题方向;二要看标题,横看"行标题",竖看"列标题",明确比较内容;三要数据比较看,横着比较看,竖着比较看,横竖结合比较看,得出比较结论。

参考答案

1. 二轮电动车不论是否登记,实际使用量均明显上升(二轮电动车未登记车辆总量及增量都超过已登记车辆);在车辆事故率方面,公安机关已登记车辆的事故率明显下降,而未登记车辆的事故率明显上升。
2. 示例:加强二轮电动车的登记管理。

例2 (南通模拟卷)

下面是关于中学生阅读现状的调查数据,请根据相关数据给出结论并提出建议。(在结论中不得出现具体数字)

中学生阅读现状调查

常读书籍类型	经典名著	流行小说	网络小说	动漫笑话	其他类别
所占比例(%)	8.20	28.50	30.40	25.20	7.70

1. 结论:_____
2. 建议:_____

答题技巧解析

1. 第一步,审清题目要求。本题要求根据相关数据给出结论并提出建议。
2. 第二步,分析数据,把握特点。先横向分析数据,抓数据"大"的方面。从表中可以看出,中学生绝大多数阅读的是网络小说、流行小说和动漫笑话。然后找出存在的不足,以便有针对地提建议。根据看经典名著的只有"8.20%",可建议加强名著阅读。
3. 第三步,初步拟出答案,然后看看有没有落实题目的全部要求。最后确认正确答案。

参考答案

1. 目前中学生绝大多数阅读的是网络小说、流行小说和动漫笑话,很少有人看经典名著。
2. 要加强经典名著的阅读,别让无聊的闲书消耗青春。

新题演练

1. 阅读下面两则材料,按要求答题。

【材料一】下面是浙江省教育厅公布的学生体质状况最新监测结果。(箭头代表升降幅度)

监测项目	升降幅度	监测项目	升降幅度
身高	↑	肺活量	↓
体重	↑	视力	↓
胸围	↑	男子1 000米、女子800米	↓

【材料二】宁波市全面启动"学生阳光体育运动"。

(1) 从材料一中,你发现青少年的体质状况呈现出什么特点?

答:_____

(2) "阳光体育运动"中"阳光"有哪两层含义?

答:_____
_____

2. 关于"读书"的主题阅读。

有多少人知道,刚刚过去的 4 月 23 日,是第 18 个"世界读书日"?

有多少人记得,自己读上一本书是在什么时候?是什么书名?

有多少人做到,闲暇时能静下心,找本好书看看?

调查表明,我国国民每年人均阅读图书仅 4.5 本,而韩国 11 本,法国 20 本,日本 40 本。可见,目前我国国民的阅读现状不容乐观。

【材料】自 1994 年以来,文化部已先后组织开展了四次公共图书馆评估工作,下表为统计结果:

参评时间(年)	参评馆数量(个)	上等级馆数量(个)	占参评馆比例	一级馆数量(个)	占参评馆比例
1994	2189	1144	52.3%	68	3.1%
1998	2323	1551	66.8%	215	9.3%
2004	2038	1440	70.7%	344	16.9%
2009	2219	1784	80.4%	480	21.6%

(摘自《光明日报》)

阅读上面的材料,写出图表的主要信息。

答:＿＿＿＿＿＿＿＿＿＿＿＿＿＿＿＿＿＿＿＿＿＿＿＿＿＿＿＿＿＿＿＿＿＿＿＿

3. 【权威调查】

2016 年 4 月,中国新闻出版研究院公布了 2015 年全国国民阅读调查结果。其中 18～70 周岁国民数字化阅读方式(手机阅读、网络在线阅读、电子阅读器阅读、光盘阅读、MP4/MP5/PDA 阅读等)的接触率等数据引发人们的关注。

表一　2014、2015 年 18～70 周岁国民数字化阅读方式的接触率

年度	手机阅读	网络在线阅读	电子阅读器阅读	光盘阅读	MP4 等阅读
2014	27.6%	29.9%	5.4%	2.4%	3.9%
2015	31.2%	32.6%	4.6%	1.6%	2.6%

表二　2015 年 18～70 周岁国民手机阅读人群的手机阅读内容统计

内容	手机 QQ 等	手机小说	手机报	与工作、学习有关的信息	电子邮件
比例	64.1%	47.3%	41.1%	17.1%	10.2%

根据"权威调查"所提供的信息,概括出我国 18～70 周岁国民数字化阅读的基本情况。

答:＿＿＿＿＿＿＿＿＿＿＿＿＿＿＿＿＿＿＿＿＿＿＿＿＿＿＿＿＿＿＿＿＿＿＿＿

4. 【权威调查】

2016 年部分国家国民阅读调查

国家	中国	韩国	法国	日本
人均阅读	5 本	11 本	20 本	40 本

"权威调查"运用了哪些说明方法?有何作用?

答:＿＿＿＿＿＿＿＿＿＿＿＿＿＿＿＿＿＿＿＿＿＿＿＿＿＿＿＿＿＿＿＿＿＿＿＿

5. 5月10日是母亲节,班里准备在这天召开班会,班会的主题是"感谢母亲"。老师首先向同学们展示了一份调查结果统计表。请你按要求回答问题。

项目	小学生	初中生	高中生
祝福母亲生日的	54%	66%	91%
祝福同学生日的	56%	86%	92%

用简要的文字概述表格所反映的主要信息。

答：_____

_____

第二单元 图表（曲线图、柱状图、饼状图）

真题导航

例1（北京顺义区模拟卷）

2016年1月22日，中国互联网络信息中心（CNNIC）发布的第37次《中国互联网络发展状况统计报告》中公布了我国网络使用情况，由此可见互联网塑造了全新的社会生活形态。

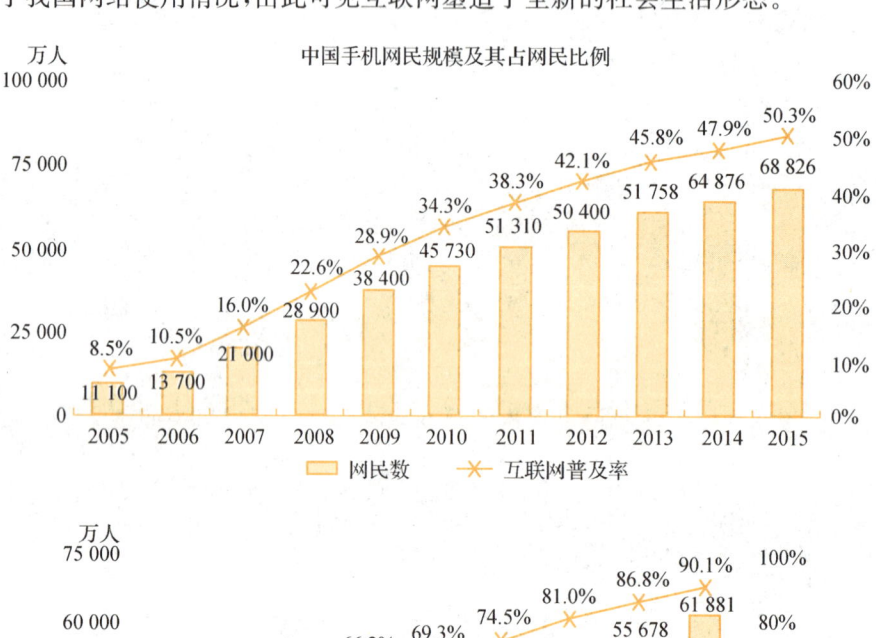

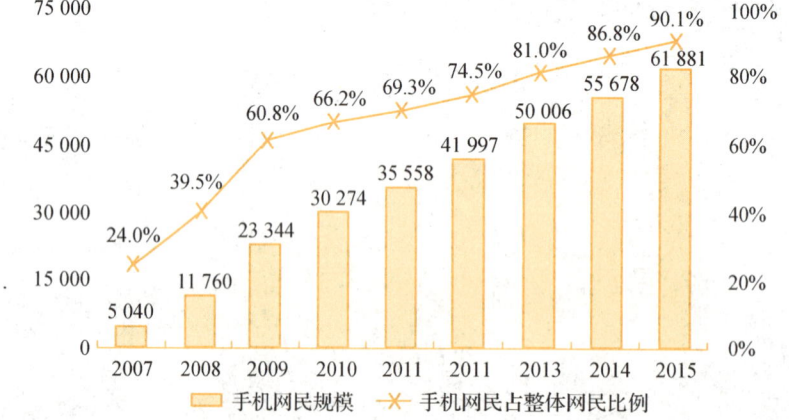

阅读材料，根据图表所反映的问题，用一句话概括我国网络的使用情况。

答：＿＿

答题技巧解析

1. 该题中的数据通过曲线和柱形表达出来,这属于图表类的非连续性文本。解读图表题的一般流程为:根源信息(图表)→观察认读→分析理解→归纳概括→文字表达。
2. 注重整体阅读。先对图表资料有一个整体的了解,把握一个大主题或方向。
3. 重视数据变化。数据的变化往往表明了某种趋向、规律,而这可能正是这个材料的重要之处,也是得到观点的源头。观察图表,我们发现:近几年来,我国网民规模、互联网普及率、手机网民规模及占网民比例都呈现上升发展的趋势。
4. 把握考题要求。考题要求往往对内容有一定提示性。按考题要求答题,有的放矢。该题要求概括出网络的使用情况,那就要在众多的数据中重点抓住2015年的几个数据,因为这既体现了网络使用发展的最高水平,也反映了目前网络的使用情况。

参考答案

近几年来,我国网络使用越来越普遍,网民已达6.88万万人,互联网普及率已达半数,其中手机网民近6.2万万人,占全体网民的90%以上。

➡ 例2 (陕西中考卷)

下面的调查统计图反映了什么情况?请简要概括。

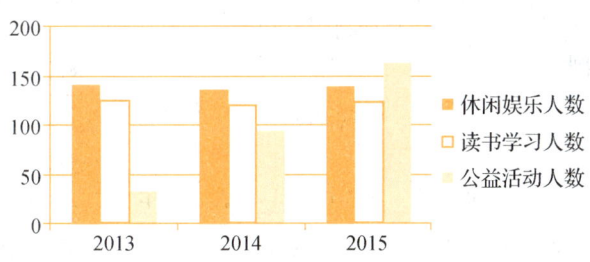

2013~2015年初中毕业生假期生活情况

答:_____

答题技巧解析

1. 该调查统计图是较为复杂的柱状图,图表横轴列出了三个年份,每一年中都提供了参与三种类别的假期生活的学生人数。
2. 分析这类较复杂的柱状图时,可以先就其中一种假期生活类型进行比较分析,发现规律;再将三种假期生活类型的变化情形作比较分析。
3. 通过单一假期生活类型三年中的变化情况进行比较,我们可以发现,参与休闲娱乐的学生人数变化不大,参加读书学习的学生人数变化也不大,参加公益活动的学生人数变化明显,而且呈现出逐年递增的趋势。
4. 将三种类型的假期生活情形进行综合比较,可以发现:三年来,参加"休闲娱乐和读书学习"的学生人数稳定,而从事"公益活动"的学生人数变化明显。
5. 综合比较分析的结果,完整表达图表所反映的情况。

参考答案

近三年来,初中毕业生在假期休闲娱乐和读书学习的人数相对稳定,而从事公益活动的人数明显增加。

新题演练

1. "十二五"时期我国城市人均公园绿地面积示意图。

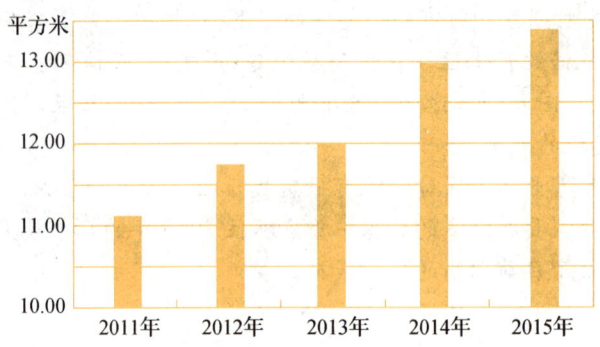

写出你从材料中得出的主要信息。(答出两条)
答：_____
_____

2. 阅读下面两则材料，提取能反映近年来中国纪录片发展状况的主要信息。

【材料一】

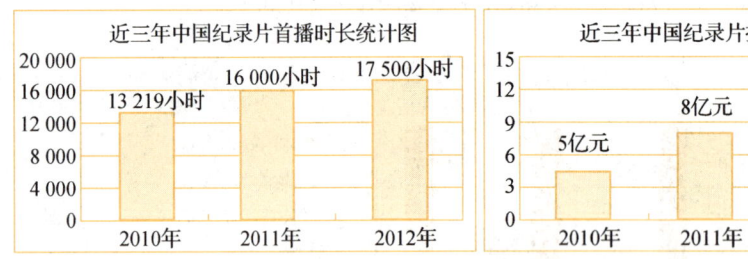

【材料二】纪录片具有文献价值、文化意义和美学价值。2011年元旦，中央电视台纪录频道用中英文面向全球开播，它是我国首个覆盖国内外的纪录片专业频道。几年来，我国先后推出了《美丽中国》《辛亥》《舌尖上的中国》《归途列车》等多部电视纪录片精品，涉及自然地球、历史人文、社会现实等题材。近几年，我国每年拍摄的电影纪录片仅有20部左右，这与电影故事片每年数百部的产量相比还很不协调。

主要信息：_____

3. 为落实"建设节约型校园"精神，如东实验中学开展了"光盘行动"(光盘，即把碗、盘里的饭菜吃光)主题教育活动。请阅读材料，完成练习。

【材料一】如东实验中学学生调查统计图。

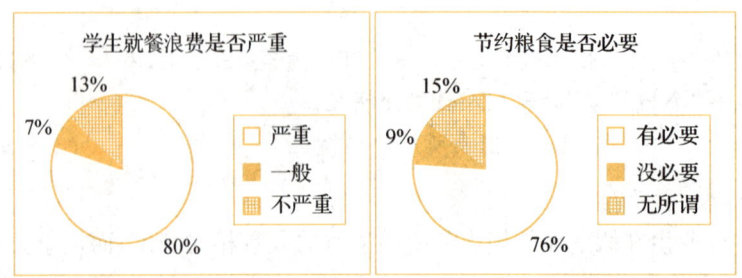

【材料二】统计部门调查显示，我国消费者每年仅餐饮浪费的食物蛋白质和脂肪就分别达800万吨和300万吨，至少倒掉了约2亿人一年的口粮。而我国目前仍有一亿多人口没有解决温

饱问题,主要集中在中西部地区。

(1) 用简洁的语言概括材料一反映的主要问题。

答:_____

_____

(2) 从材料二可以看出推行"光盘行动"有何积极意义?

答:_____

_____

4. 下面是一位学生参加某市"我型我秀"夏令营活动时对150位学生的调查,请根据下面图表所反映的内容回答问题。

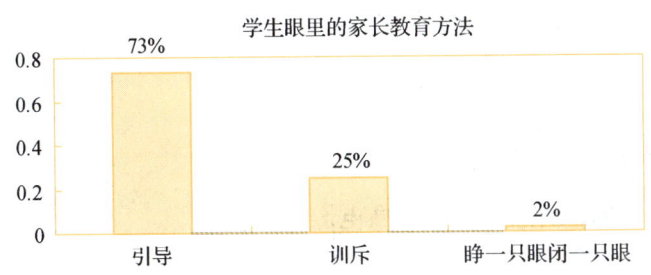

(1) 从图表中可以看出现在的家庭教育中存在怎样的问题?

答:_____

_____

(2) 请你就家庭教育给家长提一条合理的建议。

答:_____

_____

5. 请根据下面的曲线图回答问题。

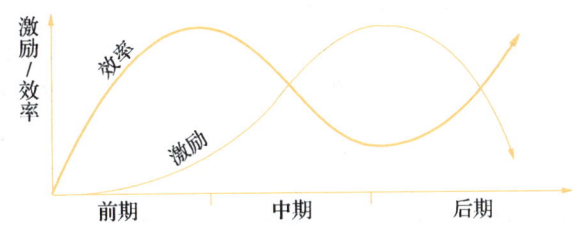

【注】深色曲线表示团队的工作效率,浅色曲线表示激励力度。

(1) 团队的工作效率与激励力度之间的关系是:在工作前期,团队的工作效率呈上升趋势,激励力度逐渐加大;当工作进行到中期时,_____;当工作进行到后期时,团队的工作效率再次呈上升趋势,激励力度逐步降低。

(2) 上图所反映的工作效率与激励力度变化的规律,给领导者的启示是:_____

_____。

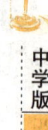

第三单元 图解文字

真题导航

例1（河南中考卷）

为鼓励广大青少年编创、制作、传播优秀微电影作品，积极弘扬和践行社会主义核心价值观，共青团中央启动2014"向上·向善"中国青少年微电影大赛活动。右边是此次大赛的宣传画，请说明该画面的内容。要求：① 采用总分的结构方式；② 运用合理的说明顺序。

答：_____

答题技巧解析

此题考查考生对图徽的分析理解及表达能力，一般图标会考查其含义、创意或推荐某标识的理由。题干已经指出图标的主题，要求我们"说明该画面的内容"，并采用"总分的结构方式，运用合理的说明顺序"，这就要求我们在表述时要注意语言风格、说明结构和说明顺序。仔细分析构图元素，不难发现有"电影胶片""2014 向上·向善""中国青少年微电影大赛"三部分。我们可以先总后分，再按照由上而下、从左至右的方位顺序来介绍。

参考答案

示例一：该宣传画由左右两部分构成。左边有图案和文字，图案由两小段电影胶片交叠变形而成，图案右下角是"2014 向上·向善"几个小字。右边是"中国青少年微电影大赛"几个大字。（意思对即可）

示例二：该宣传画由图案与文字两部分构成。图案位于画面的左边，由两小段电影胶片交叠变形而成。文字部分包括图案右下角的"2014 向上·向善"几个小字和右边的"中国青少年微电影大赛"几个大字。（意思对即可）

例2（上海中考卷）

阅读下面材料，完成1~3题。

欢欢带着来自四川友好学校的小伙伴乐乐在上海游览观光，体验上海的地域文化。

她们来到了一条石库门弄堂口。

乐乐（指着门楣）：欢欢，这"步高里"是什么意思？

欢欢：这是我们上海石库门弄堂的名字，比如，长寿里、富乐里、人和里等。顾名思义，这些名字无不寄托着上海市民 __1__ 的期望。

她们来到了市中心。

乐乐：欢欢，我发现这里的马路名是我国的某些省份名或城市名，比如南京路、北京路、西藏路、福建路，还有以我的故乡四川命名的呢！

欢欢：___2___

乐乐：我还想请教你，你的学校在静安区，这名字有来由吗？

欢欢：有的。我们静安因建于三国时期的静安古寺而得名。黄浦、浦东是因___3（1）___而得名，奉贤、闵行是因___3（2）___而得名……

欢欢边说边打开手机给乐乐看。（见上图）

乐乐：噢，原来上海的行政区名确实是有说法的。这些名字里还藏着文化密码呢，上海真是一座有意思的城市啊！

1. 联系语境，填入恰当的内容。
   这些名字无不寄托着上海市民_____的期望。

2. 下列符合欢欢在对话语境下表达的一项是（　　）
   A. 你太棒了！一下子就发现了这些马路命名的特点。
   B. 你太棒了！一下子就发现了上海马路命名的特点。
   C. 你太棒了！一下子就发现了这些马路命名的奥秘。
   D. 你太棒了！一下子就发现了上海马路命名的奥秘。

3. 概括材料，完成填空。
   例：静安是因历史建筑而得名。
   （1）黄浦、浦东是因_____而得名。
   （2）奉贤、闵行是因_____而得名。

答题技巧解析

看图，首先明确该题的构成要素，除了图画以外是否具有标题、文字等内容，同时要确定图画内容是人、物还是景。这是手机屏幕的相关内容，较为新颖，画面内容有文字，也有图画，我们在分析画面时，需要注意每一个细节；而文字在图画中往往能够起到穿针引线、画龙点睛的作用，结合图画中的文字就可以帮助我们理解整体的含义。

参考答案

1. 对幸福（和美、美好）生活
2. A
3. （1）地理位置　（2）名人掌故（名人故事）

新题演练

1. 下图是《读者》的徽标,画面是一只绿蜜蜂。请用简洁的文字对其含义加以解释。

答:_____

_____

2. 2016年5月,南通市崇川区进行了一系列社区活动,并举办了首届邻里节。下图是此次邻里节会徽征集活动中的优秀作品,请你仔细观察,对它的创意进行简要说明。

答:_____

_____

3. 近年来各地接连出现严重的雾霾天气,中科院大气物理研究所研究员张仁健课题组与同行合作,对最为严重的北京 PM2.5 化学组成及源头解析季节变化研究发现,北京 PM2.5 有6个重要来源,具体如下图。请仔细看图,回答问题。

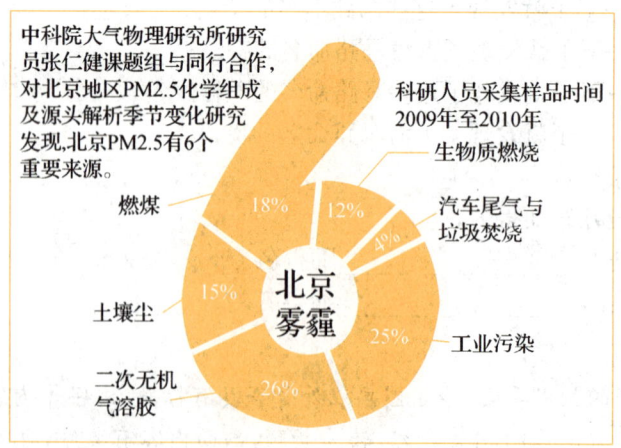

(1) 北京 PM2.5 污染的主要来源有哪些?

答:_____

(2) 由此看出治理雾霾需要我们怎么做?

答:_____

4. 江南中学初三(6)班的同学在组织"金钱,共同面对的话题"这一综合性学习时收集到下列图案:依次是秦朝半两钱、中国工商银行、中国银行与中国农业银行的徽标。他们进行了一番探究,知道了秦半两钱外圆内方取义天圆地方之意,它在钱币发展史上具有重要意义。根据你的知识积累,请继续探究下图各枚徽标所透露的信息,完成下面两小题。

(1) 你能探究出工商银行、中国银行与中国农业银行的徽标流露出的共同信息是什么吗?
答:_____
_____

(2) 对待金钱,人们众说纷纭。你认为怎样对待金钱才是可取的?说出你的见解与理由。
答:_____

5. 下面两张图来自美国哈佛大学。现在有两位同学,分别表达了对图一的理解。请你读图二,将你的理解写下来。(不少于20字)

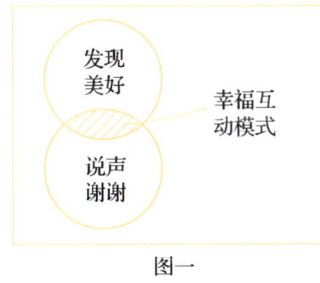 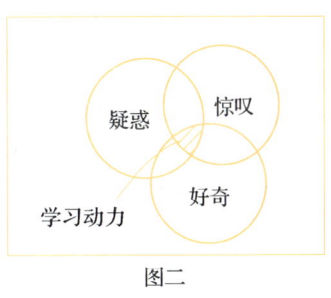

图一　　　　　　　图二

图一的理解:
　　同学一:如果我们用欣赏的眼光对人对事,你会发现别人的优点,此时我们是快乐的!
　　同学二:善于发现美好的事物,并懂得感恩,就会感到幸福。
图二的理解:_____
_____

第四单元

凭 证 单
PING ZHENG DAN

真题导航

➡ **例1** （海南中考卷）

希望中学于7月1日到你校开展以"结对帮扶"为主题的活动,下面是活动中的内容,请按要求完成练习。

活动中,希望中学捐赠给你校经典文学名著、科普类书籍共叁佰本。小明代学生会写了一张收条,但在内容和格式上各有一处错误,请你改正。

收　条

　　今收到希望中学捐赠的经典文学名著、科普类书籍。
　　此据。

2016年7月1日

经手人：小明

---

1. 内容上：_____
2. 格式上：_____

答题技巧解析

1. 此题属于非连续性文本中凭证单中的条据,这种形式在生活中以及其他学科的学习中也经常遇到。

2. 条据一般由标题、正文、署名和日期等四部分组成。
   (1) 标题。写在正上方,居中,字要大点。
   (2) 正文。正文写在标题下面一行,空两格。
   (3) 署名。写在正文下靠右。
   (4) 日期。写在署名的下面,独占一行,写明年、月、日。

3. 条据写作要求。
   (1) 文字要简明,写明事实。
   (2) 数字要大写,用汉字壹、贰、叁、肆、伍、陆、柒、捌、玖、拾、佰、仟、万。(一般不用阿拉伯数字或汉字一、二、三、四、五、六、七、八、九、十。数字后面要用"整"或"正"字表示到此为止。以防篡改或添加)
   (3) 结尾用"此据"作为结语,以防添加内容。
   (4) 具名应是亲笔签的真实姓名。慎重的条据姓名前要写单位或地址,签名之后还要盖章或按手印,以示负责。
(5) 要写明日期,包括年、月、日。
(6) 书写时要用黑色钢笔或签字笔,字迹要端正、清楚。

参考答案

1. 在"科普类书籍"后加上"共叁佰本"。
2. 署名和日期位置对调。

例2（浙江中考卷）

根据下列情境,完成相关任务。要求:内容完整,条理清楚,语言得体,150字以内。

5月16日,张婶来报喜,说女儿已被国外某大学录取,9月25日开学。原准备买车的10万元钱要作留学之用了,现在想用这笔钱作短期投资。请你根据下面招商银行理财产品宣传单的有关内容,向张婶介绍理财信息并推荐合适的一款。

招商银行理财

招财进宝理财产品正在热销中,认购起点10万元……

序号	产品名称	收益率	期限(天)	截止日
1	招财进宝之鼎鼎成金12797号理财计划	6%	462	5.18
2	招财进宝之鼎鼎成金12505号理财计划	5.8%	120	5.18
3	招财进宝之鼎鼎成金13133号理财计划	5.5%	108	5.18
4	招财进宝之鼎鼎成金13070号理财计划	6.4%	86	5.18
5	招财进宝之鼎鼎成金13069号理财计划	5.25%	44	5.18

理财非存款　产品有风险　投资需要谨慎

答：_____

答题技巧解析

1. "非连续性文本"测试材料的类型和来源是从学生将来的成人生活的角度来考虑的,具有很强的现实生活模拟性。

2. "非连续性文本"在测量学生将阅读知识和阅读技能迁移到生活中解决实际问题的能力上,具有独特的优势。这些题是为了考查学生在给定的材料中提取信息的能力,只要善于观察,不难找出答案。本题需要将题干中提出的有关信息和凭证单中的有关信息结合起来思考,只要细读,抓住关键信息就能很快找到答题方向。作为口语交际,本题要有称呼,推荐产品及理由,注意事项等。

参考答案

张婶,我推荐您购买理财产品。目前招商银行有5款产品,认购起点都是10万元,购买期限有462天、120天等五种。报据您的情况，我觉得2号产品较合算,获得的收益也较高。不过,这几种产品截止日均为18日,如果您要购买,请抓紧去办理。当然,投资理财产品,会有一定风险的,请您慎重考虑。

新题演练

1. 下面是莎拉购买了新照相机后取得的收据和保修卡。请根据这些文本回答下面的问题。

收据
照相机
电视屋 伊利扎比斯大街89号 墨尔本3000
电话:9670 9601 传真:9602 6627
http://www.camerashot.com.au
澳大利亚
莎拉·布劳恩
GLENYON街51号 布朗斯米克 VIC 3657
日期:1999.10.18
时间:12:20

产品号	型号	序列号	数量	单价	金额
150214	禄来福来单反照相机250型	30910963	1	149.08	149.08
33844	三脚架		1	5.66	5.66
	签证银行卡		总计	$154.74	

谢谢您购买我们的商品。

一年保修卡(个人用户) 仅在澳大利亚有效 电视屋公司 ACN 008 458 884 保证用户最初购买的照相机在材料和工艺上是没有缺陷的。保修不允许转移给其他的照相机。 电视屋公司承诺在整个保修期间,对经本公司检查后发现有材料和工艺缺陷的零部件将给予服务、修理和更换。	号码 M409668 请仔细填写以下项目: 照相机型号: 序列号: 你的姓名:莎拉·布劳恩 地址:GLENYON街151号 　　　布朗斯米克 VIC 3657 购买日期: 购买价格:
经销商盖章 (签名)	请说明: 特快专递必需的邮资: 这个保修卡请在10天内通过邮寄方式寄到电视屋公司。

(1) 运用收据给出的详细资料,填写完成保修卡中重要的信息(顾客的姓名、地址已经被填写在卡中)。

答:_____

_____

(2) 莎拉应该在多长时间内寄回这个保修卡?请回答。

答:_____

_____

(3) 莎拉在这家商店还购买了其他什么东西?

答:_____

_____

(4) 打印在收据底部的"谢谢您购买我们的商品",其原因可能纯属礼貌用语,也可能有其他原因。请指出其他的原因。

答：_____

_____

2. 下面是某县图书馆的借书规则和办证须知,阅读后完成练习。

【材料一】

借书规则

1. 图书馆外借处的图书实行开架借阅,读者凭本馆借阅证借阅图书。

2. 借书程序:进入书库的读者请自觉拿取代书板进入书库选书,防止弄乱书架。出书库时带回代书板,然后办理借书手续。

3. 借阅规则:一证最多可借 2 册书(不超过押金,成人押金 50 元,少儿押金 30 元),每次借书期限不超过 30 天。若到期仍需继续借阅,须将图书带来办理续借手续(只准续借一次)。

4. 读者所借图书须按期归还！过期而未办理,按超期天数计算,每天收取逾期费 0.1 元/册。

5. 借阅证限本人使用,请妥善保管,如不慎遗失,应及时挂失或补证。未及时挂失、补证所造成的损失,由读者自行承担。补证收取工本费 5 元。

6. 读者不得将个人书刊、书包带入书库内。书库禁止吸烟、吃东西、乱扔纸屑等杂物,禁止大声喧哗,妨碍他人借书。

【材料二】

办证须知

申领新证手续	凭身份证或户口簿等有效证件,交押金、工本费、一寸免冠照片一张,即可申办借阅证。
备注	成人、少儿每次借书周期为 30 天,超过期限,每册图书收取逾期费 0.1 元/天。阅览室内藏书资料不外借。

(1) 小李现年 12 周岁,从未去过该图书馆。如果你是该图书馆的志愿者,请给电话咨询的小李具体建议,以便他顺利办好借书证。

小李:喂！您好！是××图书馆吗？请问怎样办理你们的借书证？

志愿者：_____

(2) 小李在外借处看中了下面几本书,不知道怎么选择,想一次性借出去认真阅读。假如你是图书馆的志愿者,你会给他怎样的建议？(提示:结合上面的材料和作品内容)

《水浒传》《朝花夕拾》《骆驼祥子》《鲁滨逊漂流记》《格列佛游记》

答：_____

3. 下面是×××大学 2016 年自主招生笔试、面试准考证,阅读后完成练习。

×××大学 2016 年自主招生笔试、面试准考证

准考证号	162211045	报名号	161028804012818	
考试姓名	李××	性别	男	照片
证件号码		生源省市	江苏省	
当前就读学校	江苏省南通市如东县如东高级中学			
志愿信息	×××大学——普通自主招生[机械材料电子信息类][电气工程及其自动化]			

(续表)

考核时间	考核内容	考核地点/考场/座位号
06月11日 09:30～12:00	数理综合	×××大学第四教学楼/第10考场A203教室/42
06月14日 08:00	面试	×××大学第四教学楼/A四楼

考生须知

  1. 此证供考生笔试、面试之用,需在照片处加盖中学公章方能生效。请认真阅读准考证,若发现申请类别、专业等与报考情况不一致,请速与×××大学招生办公室联系,电话:4001102883。
  2. 请考生于笔试当天直接赴考场报到,各笔试考场将于6月11日8:30开放。
  3. 笔试时考生需携带准考证、身份证,并按规定时间进入考场,遵照监考老师的安排入座。入座后将相关证件放在桌面左上角或右上角,以便检查。
  4. 笔试要求携带文具:2B铅笔、水笔或圆珠笔、橡皮。
  5. 笔试合格的考生方可参加面试,笔试合格名单将于6月13日通过短信和我校本科生招生信息网(http://zsb.njus.edu.cn)发布,请务必关注。
  6. 请笔试合格考生携带准考证、身份证、支撑所报类别的获奖证书、专利等原件于6月14日7:30—8:00直接赴×××大学第四教学楼A楼四楼报到,迟到者不得进入考场(8:00将准时封闭面试场地,不再允许考生出入,请考生把握好时间)。没有携带支撑材料原件的考生将取消其面试资格。
  7. 考生进入考场,不得携带任何书刊、报纸、草稿纸、资料、计算器、手机或有储存、编程、查询功能的电子产品等,否则按违纪处理。面试出现未按时报到、陈述内容涉及任何身份信息(如姓名、学校、父母信息)等情况,按违纪处理,取消面试资格。

(1) 李某申请的专业为能源与动力专业,他于2016年6月1日在网上打印了自主招生准考证,发现专业填错了,他该怎么办?

  答:_____

_____

(2) 李某通过不懈努力,终于通过了笔试。在面试时,他很自豪地说,我是来自江苏省如东县如东高级中学的学生。我的爱好很广泛,紧张的高中阶段,我依然积极参加团组织活动、社区服务活动等,多次被评为校优秀团干部、三好学生等。参加物理、化学竞赛均得到好的名次……为什么李某当时就被取消了面试资格?

  答:_____

_____

4. 下面是某公司财务部的条据"收条和欠条",年前公司纪检部门检查台账,发现凭证单不规范。请你阅读后完成练习。

收 条

  今收到营业部××年度财务报表。

    此据。

经手人:陈晓干

欠 条

  今欠医院伍仟元整,于两日后还,即3月8日如数付清。

张 明
2016年3月6日

(1) 上面"收条"存在什么问题?请指出。

  答:_____

(2)"欠条"规范吗？为什么？

答：_____

_____

5. 下面是某高校总务处李明在公共课部财务科领电风扇的"领条"，年前校纪检部门检查台账，发现凭证单不规范。请你阅读后回答问题。

领　条

今领到电风扇一个。

　　　　　　　　　　　　　　　　　　　　　领用人：李明

　　　　　　　　　　　　　　　　　　　　　2016 年 6 月 8 日

上面"领条"规范吗？存在什么问题？请改正。

答：_____

_____

第五单元 使用说明书

SHI YONG SHUO MING SHU

  真题导航

例1 （安徽中考卷）

张爷爷患高血压病，近日收到女儿从外地寄来的降压药，但不知怎么服用。下面是降压药说明书中的部分内容，请你从中选取必要的信息，用自己的话转告张爷爷。要求语言简明，表达得体，不超过30字。

【性状】本品为薄膜衣片，除去薄膜衣后显白色。

【适应症】用于治疗高血压。

【规格】5 mg/片。

【用法用量】成人每日推荐剂量为10 mg，每日一次，早晨服用较好，饭前饭后均可。可以长期连续用药。

答：_____

答题技巧解析

此题为非连续性文本中使用说明书的口语交际题，解答时要联系具体的情节，注意说话的对象（张爷爷）；语言要得体，表达要简明连贯。

参考答案

示例：张爷爷，您每天早晨吃一次，每次吃两片就可以了。

例2 （中考模拟题）

阅读下面一则药品说明书，完成练习。

小快克说明书

【批准文号】略

【中文名称】小儿氨酚那敏颗粒

【产品英文名称】略

【生产企业】略

【功效主治】用于缓解感冒或流感引起的发热、头痛、鼻塞、流涕。

【化学成分】本品为复方制剂，每袋含对乙酰氨基酚125毫克，马来酸氯苯那敏0.5毫克，人工牛黄5毫克。辅料为：蔗糖、草莓香精、聚维酮K30。

【药理作用】本品中对乙酰氨基酚能抑制前列腺素合成，有解热镇痛作用；马来酸氯苯那敏为抗组胺药，能减轻流涕、鼻塞、打喷嚏症状；人工牛黄具有解热、镇惊作用。

【药物相互作用】与其他解热镇痛药同用，可增加肾毒性的危险。本品不宜与氯霉素、巴比妥类

(如苯巴比妥)等并用。如与其他药物同时使用可能会发生药物相互作用,详情请咨询医师或药师。

【不良反应】有时会出现轻度头晕、乏力、恶心、上腹不适、口干、食欲缺乏和皮疹等症状,可自行恢复。

【禁忌症】严重肝肾、功能不全者禁用。

【产品规格】对乙酰氨基酚 0.12 g,马来酸氯苯那敏 0.5 mg。130.5 mg/10 袋。

【用法用量】温水冲服。儿童用量见下表:

年龄(岁)	体重(公斤)	一次用量(袋)	一日次数
1~3	10~15	0.5~1	一日 3 次
4~6	16~21	1~1.5	
7~9	22~27	1.5~2	
10~12	28~32	2~2.5	

【贮藏方法】密封,在阴凉干燥处保存。

【注意事项】

(1) 用药 3~7 天,症状未缓解,请咨询医师或药师。

(2) 服用本品期间不得饮酒或含有酒精的饮料。

(3) 1 岁以下儿童应在医师指导下使用。

(4) 不能同时服用与本品成分相似的其他抗感冒药。

(5) 肝、肾功能不全者慎用。

(6) 如服用过量或出现严重不良反应,应立即就医。

(7) 对本品过敏者禁用,过敏体质者慎用。

(8) 本品性状发生改变时禁止使用。

(9) 请将本品放在儿童不能接触的地方。

(10) 儿童必须在成人监护下使用。

(11) 如正在使用其他药品,使用本品前请咨询医师或药师。

根据说明书,下列做法正确的是 ( )

A. 出生才半年的小亮发热、流鼻涕,妈妈自己从药店买了小快克喂小亮。

B. 要期中考试了,小明感冒了,为了尽快康复,他吃了含有对乙酰氨基酚成分的复方抗感冒药,又吃了小快克。

C. 小明身体发烧,早上他吃了小快克去上学,中午放学回家吃了一次,下午放学回家吃了一次,晚上睡觉前又吃了一次。

D. 小胖是个小胖子,才 4 岁,就有 22 公斤了。有天发热了,妈妈给他吃了一袋半小快克。

答题技巧解析

选项 A 中小亮出生才半年,而儿童必须达到一岁才可使用此药物。选项 B 中小明吃的复方抗感冒药含有对乙酰氨基酚成分,而小快克每袋含对乙酰氨基酚 125 毫克。本药品注意事项第 4 条中提到不能同时服用与本品成分相似的其他抗感冒药。选项 C 中小明一天一共吃了四次小快克,而本药品用量一日 3 次。选项 D 根据图示,做法正确。

参考答案

D

新题演练

1. 家住浙江的李奶奶患有胃病,中秋佳节想与在上海工作的女儿共度佳节,但她晕车,又不知怎么服用晕车药。下面是晕车药说明书中的部分内容。请你从中选取必要的信息,用自己的话转告李奶奶,要求语言简明,表达得体。

【成分】本品每片含茶苯海明50毫克。辅料为淀粉、硬脂酸镁、羧甲基淀粉钠、羟丙纤维素。

【适应症】用于防治晕动病,如晕车、晕船、晕机所致的恶心、呕吐。

【用法用量】口服。成人一次1片。在出发前30分钟服药,治疗晕动病时每4小时服药一次。1日用量不得超过4片。可与食物、水或牛奶同服,以减少对胃的刺激。

【不良反应】
(1) 常见不良反应有:迟钝、嗜睡、注意力不集中、疲乏、头晕,也可有胃肠不适。
(2) 罕见:幻觉、视力下降、排尿困难、皮疹等反应。

答:_____

_____

2. 【通用名称】醒脾开胃冲剂

【主要成分】谷芽、香橼、甘草、稻芽、佛手、使君子、荷叶、白芍、冬瓜子(炒)。

【规格】每袋装14 g

【剂型】颗粒剂

【是否处方】非处方

【适应症】醒脾调中,升发胃气。用于面黄乏力、食欲低下、腹胀腹痛、食少便多。

【用法用量】开水冲服,成人一次14克,一日2次,儿童及老人遵医嘱。

【注意事项】(1) 忌食用生冷油腻不易消化的食物。(2) 不适用于脾胃阴虚,主要表现为口干、舌少津、大便干。(3) 小儿及老年应在医师指导下服用。(4) 糖尿病患者慎用。(5) 药品性状发生改变时禁止服用。(6) 儿童必须在成人的监护下使用。(7) 请将此药品放在儿童不能接触的地方。(8) 如正在服用其他药品,使用本品前请咨询医师或药师。

【贮藏】密封。

出现哪种情况,医生可能建议服用这种药? (   )

A. 9岁的王智父母不在身边,因为没人照顾感冒了,食欲低下,腹胀腹痛。
B. 冰激凌是李江的最爱,几乎每天吃,导致食欲不强,食少便多。
C. 赵强参加800米跑,只跑了400米不到胃就不舒服了。
D. 纪清经常反胃,腹部胀,不想吃东西,面黄肌瘦的。

3. **美林药品说明书**

【药品名称】美林

【性状】为橙色混悬液,味甜,有调味剂的芳香。

【适应症】用于儿童普通感冒或流行性感冒引起的发热。也用于缓解儿童轻至中度疼痛。

【用法用量】口服。12岁以下小儿用量见下表:

年龄(岁)	体重(公斤)	一次用量(毫升)	次　　数
1～3	10～15	4	若持续疼痛或发热,可间隔4～6小时重复用药1次,24小时不超过4次
4～6	16～21	5	
7～9	22～27	8	
10～12	28～32	10	

【不良反应】
(1) 少数病人可出现恶心、呕吐、胃烧灼感或轻度消化不良、胃肠道溃疡及出血、头晕、耳鸣、视力模糊、嗜睡、下肢水肿或体重骤增。
(2) 罕见皮疹、过敏性肾炎、肾病综合征、肾功能衰竭、支气管痉挛等。

【注意事项】
(1) 美林为对症治疗药,不宜长期或大量使用,用于止痛不得超过5天,用于解热不得超过3天,症状缓解,请咨询医师或药师。
(2) 有下列情况的患者慎用:支气管哮喘、肝肾功能不全、凝血机制或血小板功能障碍。
(3) 下列情况患者应在医师指导下使用:有消化性溃疡史、胃肠道出血、高血压。
(4) 1岁以下儿童应在医师指导下使用。
(5) 不能同时服用其他含有解热镇痛药的药品(如某些复方抗感冒药)。
(6) 如服用过量或出现严重不良反应,应立即就医。
(7) 对美林过敏者禁用,过敏体质者慎用。
(8) 美林性状发生改变时禁止使用。
(9) 请将美林放在儿童不能接触的地方。
(10) 如正在使用其他药品,使用美林前请咨询医师或药师。

【药物相互作用】
(1) 美林与其他解热、镇痛、抗炎药物同用时可增加胃肠道的不良反应,并可能导致溃疡。
(2) 如与其他药物同时使用,可能会发生药物相互作用,详情请咨询医师或药师。

(以上说明书有删减,精准说明书请参看药品包装)

注意事项第9条为什么要求"请将美林放在儿童不能接触的地方",阅读整篇说明书,说出其中的原因。

答:_____

4. **文峰提货卡使用说明**
(1) 本卡不记名、不挂失、遗失不补;
(2) 本卡不兑现金、不找零钱;
(3) 本卡盖章有效;
(4) 本卡每天只限使用一次;
(5) 有效时间:2016.9.1~2016.9.30;
(6) 本卡解释权归文峰商场。

某单位下发文峰提货卡,每人一张。以下是甲乙丙丁四人的谈话内容。请你结合提货卡使用说明,谈谈他们的说法是否正确。

甲:我的卡昨天丢了,待会儿我去重办一张。
乙:正好,我也去。昨天拿的卡没有盖章,打算去商场柜台咨询一下。
丙:我打算去兑换现金,实用些。
丁:你们先去吧。我女儿国庆当天回来。到时候我再领她去买点她爱吃的东西。

答:_____

第六单元 广 告

真题导航

例1 （重庆中考卷）

初三(1)班拟开展"重庆城·重庆人·重庆面"的主题活动,请你参与评析。

活动:文化助阵　晓雪同学为本小组制作的小面拟写了一则广告语,请对这则广告语加以评析。

广告语:麻辣当前,岂能面不改色;香飘万里,安能端坐如山?

答:_____

_____

答题技巧解析

此题考查对商业广告语的评析。在评析的时候,可从修辞、写作手法、动词的运用等角度入手,要能概括商品的某种特征,加深人们的印象,激起人们的购买欲望等。

参考答案

运用反问、夸张、比喻、对偶等多种修辞手法,生动有力地凸显了小面麻、辣、香的特色及其诱惑不可阻挡。

例2 （莆田中考卷）

下面是校刊中的一幅插图,请根据这幅图拟写一则公益广告语。

答:_____

_____

答题技巧解析

仔细观察图画,内容符合题意,语言生动活泼。

参考答案

百善孝为先,忠厚传家久。

新题演练

1. 下面是我市某知名报纸登载的一则房地产广告,你觉得这则广告有哪些毛病?(结合"注"和"资料链接",可从语言、内容或思想等角度分析)

> 加倍奢华　　巅峰钜献
> 巅峰品质,荟萃一线品牌精装,拎包即可入住
> 二期臻品房源即将倾城公开,巅峰品质鼎献城市领袖阶层

【注】钜¹:① 硬铁;② 钩子。钜²:见"巨"。臻:① 达到;② 来到。倾国倾城:形容女子容貌很美。"一顾倾人城,再顾倾人国。"

【资料链接】《中华人民共和国广告法》
第三条　广告应当真实、合法,符合社会主义精神文明建设的要求。
第四条　广告不得含有虚假的内容,不得欺骗和误导消费者。
第七条　广告不得有下列情形:……(三)使用国家级、最高级、最佳等用语……

答:＿＿＿
＿＿

2. 如果把下面一幅图贴在教室的图书角上,用作班级倡导课外阅读的公益广告,你觉得是否合适?请仔细阅读,简述理由。

答:＿＿＿
＿＿

3. 语文实践活动。

"读万卷书,行万里路",外出旅游已成为人们生活的时尚。我国也将每年的 5 月 19 日定为"国家旅游日"。让我们走出书斋,畅游天下,来感受旅游文化的魅力吧!

【广告美景】据闻,习近平总书记参加江苏两会讨论时曾说:"'故人西辞黄鹤楼,烟花三月下扬州',那是一种境界。"看来,吸引中外游客的不仅是扬州的风景,更是扬州的文化!作为家乡人,请你为瘦西湖拟一条广告语。(至少运用一种修辞手法)

答:＿＿＿

4. 阅读下则材料,答题。

发明开创了广告的新纪元。我国古代的毕昇最先发明了活字印刷术,最早的工商业印刷是北宋时期(公元 960 年—1127 年)济南刘家针铺的广告铜版,现存于上海博物馆。这是至今发现的世界上最

早的印刷广告物。印刷术从中国传到西方后,使西方广告进入了新的阶段。

1473年,英国第一个出版人威廉·坎克斯印刷了许多宣传宗教内容的印刷广告,张贴在伦敦街头,这是西方最早的印刷广告,比我国北宋刘家针铺印刷广告晚三四百年。

1622年,英国尼古拉斯·布朗和托马斯·珂切尔创办的第一份英文报纸《每周新闻》在伦敦出版。在这一年中,有一则书籍广告。1650年在有关"国会的几则诉讼程序"一栏里,登出某家12匹马被盗的寻马悬赏启事。以后,在1710年阿迪逊和斯提尔又在《观察家》杂志中刊登了有关推销茶叶、咖啡、巧克力、书刊、房产、成药拍卖物品以及转让物品的广告。到1830年,美国已有1 200种报纸,其中65种是日报。许多报纸第一版大部分或整版都是广告。从1830年至1850年间是便士报时代,因为每份售价一便士,价格低廉,销路增加,对广告的效力也相应提高。在报纸广告盛行的同时,杂志广告也不断增加,并出现了广告代理商和广告公司。

【品广告】
下面这条广告收到了很好的公益效果。说说它具有怎样的妙处。
水龙头在哭泣,请擦干他们的眼泪吧!
答：_____
_____

【写广告】
请以"推广普通话"为主题拟写一则广告语。(至少使用一种修辞手法,限20字内)
答：_____
_____

第七单元

地 图
DI TU

真题导航

例1 （北京中考卷）

南水北调工程，是缓解我国北方水资源严重短缺局面的战略性基础设施，分东、中、西三条线路。东线、中线一期工程已分别于2013年和2014年通水，以南方充盈之水滋润北方干渴大地的梦想已经实现。南水北调工程将发挥显著的社会效益、生态效益和经济效益。以中线一期工程为例，输送的距离长，流经的范围广，沿线经过多个大中城市，每年可输送的调水量达95亿立方米，相当于黄河水量的1/6，直接受益人口达6 000万。根据需要，后期将进一步扩大调水规模，减少地下水开采，使水生态恶化的趋势得以缓解。随着受水区水资源生态的改善，影响北方经济发展的"瓶颈"将逐步消除，从而为这些地区经济结构调整创造机会和空间。

请你根据示意图，对材料中与图相关的文字信息进行具体说明。

答：_____

_____

答题技巧解析

首先，我们应该仔细观察材料中的图，包括图的标题：南水北调中线干线工程路线示意图、图例、图中的文字信息。

其次,根据图中的信息,阅读文字材料,筛选跟图中相关的信息"输送的距离长""流经的范围广,沿线经过多个大中城市";从图左上角可以看到干线长度的具体数字;看准干线,依次写出干线流经的城市名称。

最后,分条进行说明。

参考答案

中线一期输送距离长,全长1 277千米;中线一期流经范围广,沿线经过丹江口、南阳、平顶山、许昌、郑州、焦作、新乡、鹤壁、安阳、邯郸、邢台、石家庄、保定、天津、北京等15个大中城市。

例2 (湖州中考卷)

家住湖州市中心的晓华(化名)同学,家里来了一位中美交流生汤姆。晓华想利用双休日在家长的陪同下带汤姆出去游玩。晓华的家长建议去三个地方(见下图),感受湖州的"山水清丽,文化悠远"。请你根据下面的图片资料,帮助晓华设计"二日游"行程,并用文字表述出来。要求:行程设计合理,有主题;语言表述简洁,有条理;120字左右。

湖笔博物馆
(湖州市中心)

南浔古镇
(市中心往东约35公里)

德清莫干山
(市中心往西南约70公里)

答:_____

答题技巧解析

第一步,审清题目。晓华家住湖州市中心,三幅图都以市中心为参照,且设计的是"二日游"行程。
第二步,审清要求。考虑行程设计要科学合理,有主题,语言表述简洁,有条理。

参考答案

第一天,早上出发去德清莫干山,感受"清丽山水"。晚上住宿在莫干山,领略山顶独特的清凉与美丽的夜景。第二天,先游南浔古镇,感受江南水乡小桥流水人家的特有魅力;之后返回湖城,参观湖笔博物馆,了解有着悠久历史的湖笔文化。(行程安排也可以是第一天下午前往南浔,并住宿在南浔)

 新题演练

1. "一带一路"是指"丝绸之路经济带"和"21世纪海上丝绸之路"的简称。"一带一路"贯穿亚欧非大陆,一头是活跃的东亚经济圈,中间广大腹地国家经济发展潜力巨大。"一带一路"不是一个实体和机制,而是合作发展的理念和倡议,是充分依靠中国与有关国家既有的双多边机制,借助既有的、行之有效的区域合作平台,旨在借用古代"丝绸之路"的历史符号,高举和平发展的旗帜,积极主动地发展与沿线国家的经济合作伙伴关系,共同打造政治互信、经济融合、文化包容的利益共同体、命运共同体和责任共同体。

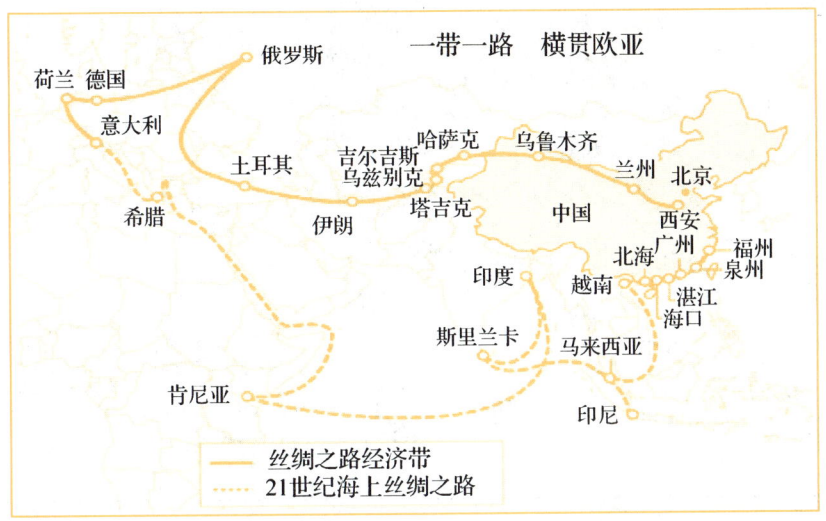

请你根据"示意图",对材料与图中相关的文字信息进行具体说明。

答：_____

_____

2. 我市某校组织"预防火灾"疏散演练。请根据下列安全疏散示意图,用简洁的语言表述九年级的最佳疏散线路(不超过 40 字)。

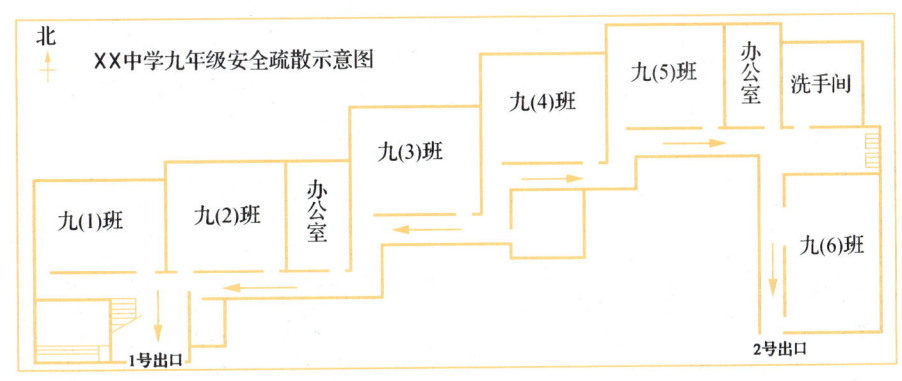

答：_____

3. 某学校拟开展"墨香书法"活动,决定请某书法家到学校学术报告厅作书法知识讲座。请根据下面的平面示意图,向前来进行讲座的书法家介绍从学校大门到学术报告厅的行进路线。

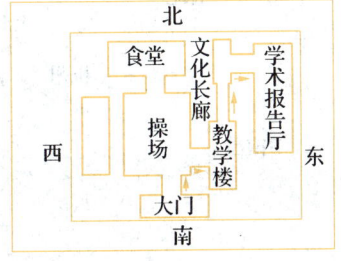

答：_____

_____

4. 夏令营开展"用地图说家乡"活动,请根据下图,拟写 100 字左右的发言稿,向来自全国各地的营员介绍南通。

要求：用一个比喻句,让人记住地图的形状；用一个主题词,凸显家乡的特点。

答：_____

5. 看图和材料，按要求回答问题。

【材料一】

【材料二】

【材料三】

① 武汉民国时期的建筑特色，曾在中国很有影响。这种建筑在一定程度上保持了中国传统及武汉地域特色的建筑风格，如大屋顶、马头墙等，又充分融合了西方建筑结构以及欧式山花、"卷心菜柱头"等西式元素，两者交相辉映，融于一体。当时长江中游地区一些山区民居建筑也以此为时尚，进行仿效。

② 徽式宅居结体多为多进院落式集居形式（小型者以三合院式为多），一般坐北朝南，倚山面水，讲求风水价值。布局以中轴线对称分列，面阔三间，中为厅堂，两侧为室，厅堂前方称

天井,采光通风,院落相套,造就出纵深自足型家族生存空间。民居外观高墙封闭,马头翘角,墙线错落有致,黑瓦白墙,色彩典雅大方。

③ 海安的古民居,似乎既有着徽居浓重的色彩,又有着四合小院的淡妆,灰砖黑瓦是它的一个特色,屋顶的石雕是它又一特色。走在小弄堂里,两边的屋檐低低的,对面人家仅在两三步之内。

(1) 快放寒假了,在武汉读大学的小周回海安老家。请仔细看图表,为他买一张1月18日的动车票,并以小周的口吻给他的哥哥发个短信,让他到车站接小周。(不超过40字)

答：_____

(2) 小周计划在回家的列车上把途经省份的民居图片分享到朋友圈里。请结合材料二和材料三,依次简要说明它们的民居特色。

答：_____

第八单元 漫画

MAN　　HUA

真题导航

例1 （湖北黄冈卷）

仔细观察下面这幅漫画,介绍漫画的画面内容(不超过70字),并写出漫画的寓意。要求语意简明,句子通顺。

漫画内容:_____

_____

漫画寓意:_____

_____

_____

答题技巧解析

1. 此题属于非连续性文本中的漫画,这种形式在生活中以及其他学科(如政治、历史等等)的学习中也经常遇到。

2. 解题思路:解读漫画题,首先要看标题、画面和画面中的文字;然后仔细分析画面所蕴含的深刻意义,并结合画面中的文字来作答。

3. 答题方法:解答漫画类试题,要抓住四个方面的信息。一是通过漫画的标题解读漫画的含义。标题可以说是漫画的"眼睛",这个"眼睛"反映着漫画的"心灵",往往提示了漫画的内容或画旨。因此,我们在审漫画题时,首先要看漫画的标题是什么,这样就容易弄清漫画的寓意所在。二是结合漫画的画面来思考其寓意。漫画画面的重要特点是简洁,画面的每一个细节都对表达漫画的寓意有提示作用。特别是由几个画面构成的组合漫画,更应注意各画面之间的联系,要结合起来进行综合分析。三是联系漫画中的文字来理解漫画。有些漫画的内容,作者无法用图画的语言表达出来,就只有借助于语言文字。漫画中的文字,往往言简意赅,画龙点睛,会成为我们弄清漫画寓意的金钥匙。四是透过夸张手法了解漫画意图。漫画是夸张的艺术,它故意将生活中的现象、人物、行为或场景进行变形和夸张,产生既出人意料又在情理之中的效果。因此,解读漫画,不妨先分析夸张手法,夸张之处往往就是漫画的弦外之音,是漫画表达的寓意所在。

4. 本题思路点拨:答题时先看清画面内容,把画面上的信息依次介绍出来,正中的铁匠师傅,穿着印有"诚信"字样的工作服,左手拿钢钳,右手举着铁锤,包括上面的文字,"诚信""承诺"都要仔细地呈现出来。然后从铁匠师傅的动作"打造"承诺上解读"诚信"。只有诚信的人,他的承诺才让人信服。

参考答案

漫画内容示例:

一位身穿印有"诚信"二字工作服的铁匠师傅站在铁砧旁,左手用钢钳夹着一块写有"承诺"二字的铁块,右手举着铁锤,铁块火星四溅。

漫画寓意示例:

依靠诚信打造承诺。只有讲求诚信的人,他的承诺才让人信服。

例2 (南京模拟卷)

目前,一组《趣味人生25条定律》漫画受到网友热捧,被视作"心灵正能量"。请仔细观察"快乐定律"的图片,参考"动力定律"的内容,撰写一条"快乐定律"。

动力定律:遇到困难抱有希望就有动力,就算你置身于无人的沙漠,你的心中如果有绿洲,就能奋力前行。

快乐定律:_____

答题技巧解析

第一步,审读画面,观察画面的构成要素。审读漫画的过程就是对漫画中人、景、物等信息点的认知过程,是对画面信息的初步感知阶段。这里有两幅漫画,要求我们根据"动力定律"的漫画内容写出"快乐定律",所以我们首先要观察"动力定律"的漫画,抓住几个关键画面因素:沙漠、绿洲。依此,可以分析出第二幅漫画的关键因素:河流、鱼儿。第二步,合理想象,丰富画面信息。想象补充画面信息,主要是借助漫画提供的情境,以画面为主,结合注释(文字、符号),丰富画面内容,是对画面信息的深入感知过程。分析"动力定律"的内容,可以发现关键词:希望、动力。依此,可以推断出"往积极的方面去思考"的主题,再抓住"快乐"就可以了。

参考答案

遇事只要往好处想就会快乐,就算你不小心掉进河里,你也可以期待一条鱼恰好跳(钻)进你的帽子里。

新题演练

1. 学校开展"手机悄然影响生活"的语文实践系列活动,组织了一次漫画比赛,要求用漫画的形式表现手机对生活的影响。下面两幅漫画是获奖作品。

请用简明的语言说出这两幅漫画反映的社会现象,你如何看待这两幅漫画所反映的社会现象?

答:_____

_____

2. 雾霾来袭。

【现况直播】

据新华社报道,连续的雾霾天气,已令京津冀多个城市拉响警报。2015年11月29日,北京发出年内首个空气重污染橙色预警。次日6时30分,河北继续发布霾橙色预警信号;两小时后,天津则将霾黄色预警信号升级为橙色预警。

11月30日,中央气象台将大雾和霾黄色预警提升为橙色预警,并表示,12月1日,华北中南部、黄淮等地霾天气持续,部分地区有重度霾,当天上述地区或出现大雾,局地有能见度不足200米的强浓雾。

另据环保部统计,截至12月1日,河北的邢台、唐山、廊坊发布了红色预警;山东有8个地市、河南有6个地市尚处于重污染天气黄色预警中。

【资料助读】

雾霾产生的主要来源是日常发电、工业生产、汽车尾气排放等过程中经过燃烧而排放的残留物,大多含有重金属等有毒物质。一般而言,粒径2.5微米至10微米的粗颗粒物主要来自道路扬尘等;2.5微米以下的细颗粒物(PM2.5)则主要来自化石燃料的燃烧(如机动车尾气、燃煤)、挥发性有机物等。

PM2.5浓度的增加,直接导致雾霾天气频发和雾中有毒有害物质的大幅增加。气象专家和医学专家认为,由细颗粒物造成的雾霾天气对人体健康的危害甚至要比沙尘暴更大。这些颗粒被吸入人体后会进入支气管,干扰肺部的气体交换,引发包括哮喘、支气管炎和心血管等方面的疾病。

这些颗粒还可以通过支气管和肺泡进入血液,其中的有害气体、重金属等溶解在血液中,对人体健康的伤害更大。在欧盟国家中,PM2.5导致人们的平均寿命减少6~8个月。而PM2.5还可以成为病毒和细菌的载体,为呼吸道传染病的传播推波助澜。

如何应对PM2.5?专家指出,对空气污染和气候变化需采取统一而不是分离的应对战略。由于空气污染和气候变化在很大程度上有共因,即主要都是由矿物、燃料燃烧的排放造成,因而减轻和控制空气污染与减少温室气体排放、保护气候在行动上应是一致的。

【网络声音】

一楼:十面"霾"伏,我们都成"人肉吸尘器"了,真是"空气如此糟糕,引无数美女戴口罩"。

——网友"蓦然回首"

二楼:中国人喜欢快,"超高速、跨越式、全方位、多层次"的快,现在,中国人要十分明显地还债了,而且是以有损生命健康为代价还债。中国人必须慢下来了,否则,身体健康、代际平衡、生态平衡都会被打破。

——网友"暗香盈袖"

三楼:减少污染源,削减大气污染物是解决雾霾的根本之道。

——中国科学院大气物理研究所研究员 王庚辰

四楼:雾霾中也蕴含着希望,让我们激发正能量,自我防护,减少出行,合力应急,同时监督污染源减排。

——公众环境研究中心主任马军(微博)

【资料链接】

"治理空气污染需要全民参与,最重要的是立法,希望朋友们积极参与投票,我会以人大代表的身份将投票结果提交人大和政府。"北京市人大代表潘石屹发布了这样一条微博,<u>短短32小时,参与投票的就超过了44 000人,其中98.9%的人投票支持制定空气清洁法</u>。

世界上首部空气污染防治法案诞生于英国,但它的出台却是以极为昂贵的生命为代价换取的。1952年12月,潮湿有雾的空气停滞在伦敦城上空,工厂和住户烟囱排放出的大量烟尘废物不断在大气积聚,浓厚烟雾在全城弥漫,多日不散,最终导致两个月内12 000人死于呼吸系统疾病,更有无数人罹患支气管炎、冠心病、肺结核乃至癌症,这一事件后来被称为"英国伦敦烟雾事件",成为20世纪十大环境公害事件之一。

结合上述文本内容,请你赏析下面漫画构思的独特之处。

《有缘相会不相识》

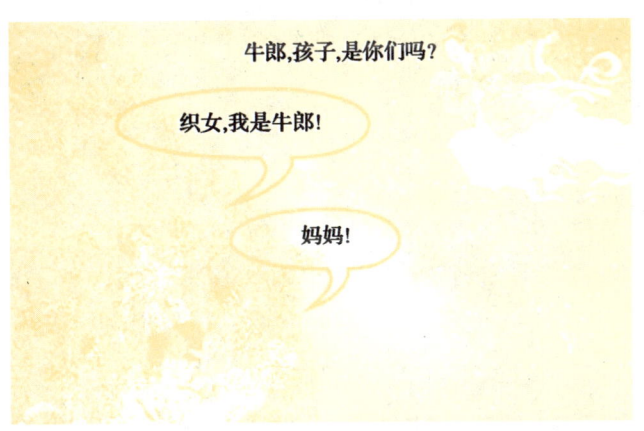

答:_____

_____

3. 仔细观察下面两幅漫画,找出共同点进行拟题。

 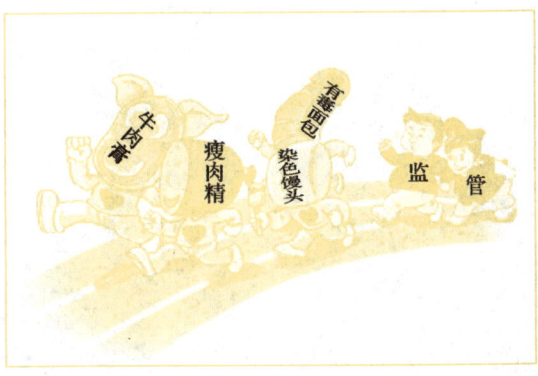

答:_____

4. 请仔细观察下面的漫画,说说漫画的含义。

答：_____
_____
_____
_____

第九单元

时 间 表
SHI JIAN BIAO

真题导航

 例1 （南通中考卷）

阅读下面材料，完成练习。

人一生的时间表
（以平均年龄72岁计算）

项目	吃饭、睡觉	学习、工作	娱乐休闲	交通	做家务	其他
年限	29年	18年	12年	6年	6年	1年
占比	40.3%	25%	16.7%	8.3%	8.3%	1.4%

（根据新浪网材料整理）

1. 围绕"时间去哪儿了"，这则材料表达的主要内容是什么？请概括。

答：_____

2. 请结合材料，联系生活实际，谈谈你得到的启示。

答：_____

答题技巧解析

1. 此题属于非连续性文本中的时间表，和传统连续性文本不同的是，这些阅读材料，往往来自生活，阅读本身便是生活的本身，具有很强的现实生活模拟性，让这种阅读更加真实，对培养学生的阅读能力更具真实的意义。

2. 时间表是管理时间的一种方式。这则时间表从属于统计表，也由四部分组成，即表头、行标题、列标题和数字资料，此外，必要时可以在统计表的下方加上表外附加文字。表头说明的是时间表的主要内容"人一生的时间表"；行标题（"吃饭、睡觉""学习、工作""娱乐休闲""交通""做家务"和"其他"）和列标题（"项目""年限""占比"）表示的主要是所研究问题的类别名称和变量名称。表外附加文字通常放在统计表的下方，主要包括资料来源、指标的注释和必要的说明等内容。

3. 因此，解答表格类非连续性文本，一要看表头"人一生的时间表"，明确表格主题，确定答题方向；二要看标题，横看"行标题"，竖看"列标题"，明确比较内容；三要数据比较看，横着比较看，竖着比较看，横竖结合比较看，得出比较结论。第1题考查对材料内容的筛选和概括，涉及不同的文体（这则材料是时间表格），完成时，应围绕"时间去哪儿了"。第2题是一道开放性试题。完成时，应结合材料的具体内容进行分析，表格材料主要是写人一生时间的去处、年限及占比，从这些数据中得出：要把时间花在学习和工作上，而不是娱乐和休闲上的启示。

参考答案

1. 材料清楚地告诉人们一生的时间分别去了哪里（一生时间的去向）。

2. 示例:要把时间花在学习和工作上,而不是娱乐休闲上。

> **例 2** (曲阜模拟卷)

请阅读下面的"图书漂流活动"海报,完成练习。

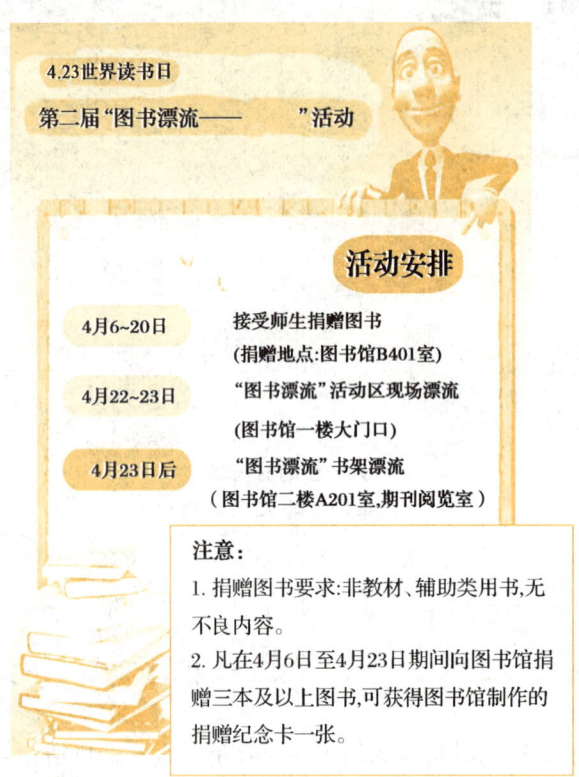

【取标题】图书漂流活动海报副标题还空着,请你取个别致而吸引人的标题。

答:_____

【读信息】根据海报内容,下列哪一项说法不对?　　　　　　　　　　　　　(　　)

A. 本次活动是为了响应"世界读书日"而举办的。
B. 4月23日之后,图书漂流现场活动便结束了。
C. 教材和教辅类用书不能捐赠。
D. 凡是向图书馆捐赠三本图书,便可获得一张捐赠纪念卡。

【改病句】两点"注意"里,其中一点是病句,请找出,并写出修改意见。

第_____点是病句,修改意见:_____

答题技巧解析

1. 第一步,审清题目要求。本题有三小题:取标题、读信息、改病句,从三个方面对学生提出了具体的要求,需要学生分别作答。

2. 第二步,分析海报,把握要点。"取标题"要取一个别致而吸引人的标题,就必须从活动主题入手:图书漂流活动。"图书"汇聚知识,"漂流"让知识传递,由此分析,可以拟出标题:给知识一个美妙的旅程。"读信息"根据海报内容判断对错,这便需要读懂海报,才能得出结论。从海报内容来看,A、B、C与原海报内容相同,只有D选项有出入,"向图书馆捐赠三本及以上图书,可获得图书馆制作的捐赠纪念卡一张"与"凡是向图书馆捐赠三本图书,便可获得一张捐赠纪念卡"不完全一样,所以选D。"改病句"是常规题,按改病句的要求完成即可。

3. 第三步,初步拟出答案,然后看看有没有落实了题目的全部要求。最后确认正确答案。

参考答案

【取标题】示例：给知识一个美妙的旅程

【读信息】D

【改病句】在"三本及以上图书"的后面加上"的师生"。

新题演练

1. 李华同学打算去"南京大屠杀"纪念馆参观，下面是该纪念馆的"参观须知"。请你据此向李华作一点"友情提醒"。（70字以内）

   参观须知
   ****
   场馆开放时间 9:00至17:00（逢周二闭馆）
   免费讲解时间 第一场：上午10:30
                 第二场：下午3:00

   答：_____
   _____

2. 阅读《食物"消化时间表"》，完成下列各题。

食物	消化所用时间	例1	例2
水果	30分钟～1小时	西瓜、苹果、橘子	香蕉时间最长
蔬菜	45分钟～2小时	瓜类蔬菜（冬瓜）所需时间最短	芋头时间最长
谷物	1小时30分～3小时	流质或半流质的谷物食品时间短	发酵食品消化率高，达98%
蛋白质	1小时30分～4小时	牛奶、豆浆比较容易消化	牛肉等完全消化需要4小时
脂肪类	2～4小时	植物油比动物油更容易消化	脂肪与谷物或蛋白质类食物共同摄入会延长后者的消化时间

（1）小李下午2点要参加学校举行的运动会，赛前不宜吃太饱，不宜吃难消化类食物，中午吃什么比较合适？（　　）

　　A. 猪肉、面包、牛肉　　　　B. 香蕉、牛肉、鸡蛋

　　C. 芋头、猪肉、豆浆　　　　D. 苹果、牛奶、面包

（2）小华偏食，爱吃肥肉、香蕉，请给他提些建议。

　　答：_____
　　_____

3. 【走进高铁时代】

金华火车站（高铁）旅客部分列车时刻表

车次	车种	区间	金华 到	金华 开	始发时间	停靠站及停站时刻
G7365	高速	杭州东—江山	7:03	7:05	6:22	衢州7:27　江山7:40
G1421	高速	杭州东—怀化南	8:28	8:30	7:40	江山8:58　上饶9:20　鹰潭北9:47　抚州东10:03　南昌西10:36　新余北11:12　长沙南12:06

(续表)

车次	车种	区间	金华 到	金华 开	始发时间	停靠站及停站时刻		
G1403	高速	杭州东—广州南	8:45	8:48	7:56	衢州 9:10 进贤南 10:30 长沙南 12:29 郴州西 14:05	江山 9:24 南昌西 10:55 株洲西 12:55 广州南 15:32	鹰潭北 10:06 萍乡北 11:53 衡阳东 13:31

快过年了，小平要从杭州回郴州老家。请你仔细看上文中的图表，为他买一张1月20日的高铁票，并以小平的口吻给他哥哥发个短信，让他到车站接小平。（不超过40字）

答：＿＿＿＿＿＿＿＿＿＿＿＿＿＿＿＿＿＿＿＿＿＿＿＿＿＿＿＿＿＿＿＿＿＿

4.【花园城市】

南京，春秋短，夏冬长，四时各有特色，自古就有"春游牛首烟岚""夏赏钟阜晴云""秋登栖霞胜境""冬观石城霁雪"之说，是一座美丽的花园。四月的南京，正是花的海洋，春花烂漫，诗意扑面。下表内容即为2016年南京花期及最佳赏花地点。

欣赏时间	花种	最佳赏花地点
二月底到三月初	梅花	梅花山、古林公园、莫愁湖公园、玄武湖公园等
三月（农历二月）	二月兰	南京理工大学、中山植物园、玄武湖公园、栖霞山等
三月中到四月中	油菜花	江宁横溪镇、浦口、高淳等
三月底到四月初	樱花	鸡鸣寺、玄武湖樱洲、南京林业大学等
三月底到四月底	郁金香	情侣园、绿博园等
三月底到四月初	桃花	南京林业大学、小桃园、牛首山等
四月	海棠花	莫愁湖公园、情侣园、总统府、南京艺术学院等
五月到七月	绣球花	绣球公园、玄武湖公园、莫愁湖公园等

(摘自龙虎网)

龙虎网和南京旅游局联合举办"2016年南京春夏最佳赏花景点"的评选活动，请你结合上面的表格内容预测评选结果，想想哪个地方最有可能当选，并简要说明理由。

答：＿＿＿＿＿＿＿＿＿＿＿＿＿＿＿＿＿＿＿＿＿＿＿＿＿＿＿＿＿＿＿＿＿＿

第二部分
多重非连续性文本

第十单元 同一形式的多重非连续性文本

真题导航

例1（河南中考卷）

根据要求，回答下面问题。

据调查，近两年来，中学生对数字化阅读的兴趣明显提高。数字化阅读是一种阅读方式，与传统纸质媒介阅读不同，它是借助网络、手机、电子阅读器、平板电脑等数字媒介进行的。用简洁的语言从下面两个图表中归纳出三条主要信息。

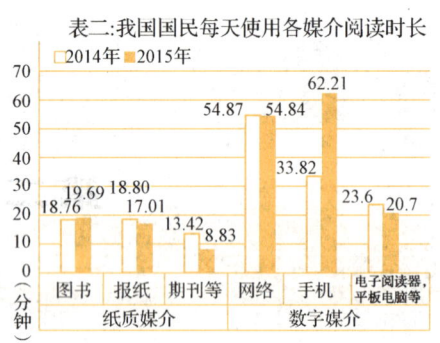

答：① _____
② _____
③ _____

答题技巧解析

1. 此题属于非连续性文本中的同一形式的多重图表。多重图表题一般是给出几幅图表，要求考生能根据图表中的有关信息，对题中的信息进行筛选、分析、综合并运用简明的语言概括出观点。这类题将原来单一的文字材料变为生动、活泼的图文转换，综合考查考生对材料的分析能力和语言的概括能力。在解答此类非连续性文本时，首先要认真审题，明确要求，要注意表头和表脚的文字，弄清楚图表说明的对象和比较的角度。多重的表格在一起，还要注意对几幅图表进行比较，在细读图表时要全面准确地捕捉信息，找出比较对象、比较角度、各种数据及变化特点，综合归纳出共同的信息。本题在回答时注意分点陈述。

2. 表一中数字化阅读使用率逐年增长，表二中的数字媒介阅读时长明显较长，两者结合分析归纳即可得出相关信息。

参考答案

示例：① 国民数字化阅读使用率逐年增长。
② 数字媒介阅读时长超过纸质媒介阅读时长。

③ 手机阅读时长增长最快。

例2 （柳州中考卷）

育才中学将举行关于"弘扬民族文化"的社会热点问题研讨会,在查阅资料时,你看到下面三则材料,请对其进行分析,写出两点探究结果。

【材料一】4月8日,一场名为"春暖花开"的交响合唱音乐会在广西音乐厅上演。具有浓郁广西特色的民族歌曲与西方交响乐"牵手",以别开生面的形式演绎了民族文化。观众对这样的大胆创新报以热烈的掌声。

【材料二】近年来,每到节假日,众多游客走进程阳八寨景区,听敬酒歌、跳多耶舞、吃百家宴,领略独特的侗族风情。三江侗族自治县通过民俗活动的影响力和传播力吸引更多游客,显示了民族文化艺术对当地经济发展的助推力。

【材料三】"三月三"期间,我市组织"民族文化进校园"活动。在市民族高中、柳江县壮文学校附属小学、融水苗族自治县民族高中等8所"自治区民族文化教育示范学校"开展对歌、传统体育、民族舞蹈等形式多样的主题活动,大力宣传民族文化,让独具特色的民族文化得到人们的重视、传承和发扬。

答：①＿＿＿＿＿＿＿＿＿＿＿＿＿＿＿＿＿＿＿＿＿＿＿＿＿＿＿＿＿＿＿＿＿＿＿＿＿＿
②＿＿＿＿＿＿＿＿＿＿＿＿＿＿＿＿＿＿＿＿＿＿＿＿＿＿＿＿＿＿＿＿＿＿＿＿＿＿

答题技巧解析

此题属于非连续性文本中的同一形式的多重文字文本,做这类题时：

首先查看标题,了解文本的阐述方向是有关"弘扬民族文化"方面的。

其次浏览所有材料,抓住材料中与阐述方向有关的信息,如材料一以别开生面的形式演绎民族文化；材料二写民族文化艺术对当地经济发展的助推；材料三写民族文化进校园。

最后概括每则材料在内容和观点上的共同点,提取、整合信息,分条写出探究结果。

参考答案

示例：① 以别开生面的形式演绎民族文化,雅俗共赏,获得群众好评。
② 民族文化艺术助推当地经济发展,民族文化进校园,让民族文化得到重视、传承和发扬。

新题演练

1. 阅读下面两则材料,写出你研究的结论并提出建议。

【材料一】一个英国伊顿公学研修团来北京游学。车开到东直门,老师就要求首次来北京的十三四岁的孩子都下车,40分钟内自行赶到天安门,不许打出租车。导游担心出问题,老师却觉得多余,因为孩子们"学过使用地图"。

【材料二】一位记者在美国国家科技馆看到,很多美国中小学生有仔细阅读说明牌的习惯,静静地看一会儿,然后试着按步骤依次操作,出来后再思索一番,这就达到了参观、参与的目的。记者联想到在中国的科技馆,这样的小观众不多。很多初中生成群涌进来,不看说明,不按步骤,上来就用力转手轮、捅按钮,结果当然出不来,于是大家嘟囔着"没意思,没意思",再涌向下一个项目接着"毁"。

结论：＿＿＿＿＿＿＿＿＿＿＿＿＿＿＿＿＿＿＿＿＿＿＿＿＿＿＿＿＿＿＿＿＿＿＿＿＿＿
建议：＿＿＿＿＿＿＿＿＿＿＿＿＿＿＿＿＿＿＿＿＿＿＿＿＿＿＿＿＿＿＿＿＿＿＿＿＿＿

2. 请阅读《第十一次全国国民阅读调查报告》部分统计数据,回答问题。

图一:国民倾向的阅读方式

66.0% 成年国民更倾向于"拿一本纸质图书阅读"

15.0% 网络在线阅读   **15.6%** 手机阅读

2.4% 在电子阅读器上阅读   **1.0%** 下载并打印下来阅读

图二:各种读物阅读量的分配和变化

70.85期(份) 人均阅读报纸较上年下降6.35期(份)

5.51期(份) 人均阅读期刊比上年下降1.05期(份)

2.48本 人均阅读电子书比上年增加0.13本

4.77本

随着电子书的不断推广,网上关于"电子书是否能替代纸质书"的争论很多。请根据材料中的相关数据,将下列两种观点补充完整。

小林:我认为未来电子书将代替纸质书。因为_____
_____。

小明:我认为将来纸质书仍将占主导地位。因为_____
_____。

3. 学校开展了一系列有关"责任"话题的大讨论。其中有一个问题:面对责任,为何有人敢于担当,而有人却退缩逃避呢?请你根据下面的三则材料,探究其原因。

【材料一】张丽莉,黑龙江省佳木斯市第十九中学一位没有编制的女教师。在失控的汽车即将撞向学生的危急关头,她挺身而出,奋力拉开两名学生。两名学生救下来了,但她自己却被碾在车下,造成双腿高位截肢,直到5月21日,仍未脱离生命危险。张丽莉的壮举感动了全国网友,网友亲切地称她为"最美女教师"。

【材料二】在欧冠决赛中,坐拥主场优势的拜仁慕尼黑队在最后的点球大战中输掉1分,败给了切尔西队,遗憾地与冠军失之交臂。德国媒体报道,拜仁多名球员,特别是队长季莫什丘克,在点球大战前就表现出了对失利的极大恐惧,拒绝主发点球。这就像赫内斯赛后所说的那样:"面对极大的压力,拜仁缺乏一名真正的领袖,缺少一名能在困境中真正站出来的人。"

【材料三】在"挑战者"号航天飞机第10次发射升空爆炸、七名宇航员全部遇难后,时任美国总统的里根发表了电视讲话。他说:"英雄之所以称之为英雄,并不在于我们颂赞的语言,而在于他们始终以高度的事业心、自尊心和锲而不舍地对神奇而美妙的宇宙进行探索的责任感,去实践真正的生活以至献出生命。"(《真正的英雄》)

答:_____

4. 阅读下列材料,完成练习。

诗教流芳,古韵悠长

【诗国忧思】

身边的现实:不少儿童喜用低俗口语"恶搞"唐诗,洋洋得意,而父母不以为意:"现在的孩子可不都这样吗?唐诗这种老古董谁还当回事学啊?"

身边的调查：围绕"你喜欢阅读、欣赏古诗吗"展开的调查结果显示：喜欢的占14.61%，无所谓的占28.09%，不喜欢的占40.45%，很讨厌的占16.86%。

【诗教访谈】

解放周末：早在2 000多年前，孔子就说过"不学诗，无以言"，将诗歌教育的重要性提到了很高的高度。

钱理群：中国是"诗的王国"，历来就有"诗教"的传统。诗教是一种审美教育的行为：一是有目的地指导学生大量阅读诗歌经典教材；二是注重指导学生背诵、涵咏诗歌；三是学习诗歌以达到提升、净化心灵的重要目的。

解放周末：但是，我们远离诗歌已经很久了。21世纪的当下，还有提倡的必要吗？

钱理群：诗歌的价值是不会因时空的转换而转变。可以说，诗歌伴人成长。除了智力、情感和创造力开发等作用外，还能起到语言开发的作用，因为诗歌有最优美、最精粹的语言。诗歌凝聚了时代精神、文化传统的精髓，也能起到文化传承的作用。所以说，诗歌是教育，它能使我们获得对世界最好的理解。

解放周末：是什么造成了处于诗意年龄的青少年远离了诗歌这一局面？

钱理群：诗歌的本质是超功利的，是最精神化的艺术。诗歌被忽略，与我们当前功利化、世俗化的社会环境是分不开的。

解放周末：学校教育受社会环境的影响，也远离了诗歌。比如中高考作文就不允许写成诗歌。

钱理群：中高考涉及教育公平的问题，不准写诗歌也在情理之中——诗歌是个性化的、难以规范的，难有评判标准，因此必然产生矛盾。考试却要求学生将诗歌分段，把个性化解读落实在"反映什么""说明什么""表达什么"等一道道题目中。再说，就算课本里有诗歌，在应试教育的狂澜下，也会使最应亲近诗的孩子"望诗生畏"。

(1) 对"诗国忧思"和"诗教访谈"的内容理解正确的一项是 （　　）

A. "诗国忧思"告诉我们有人不喜欢阅读、欣赏古诗源于父母纵容其"恶搞"诗歌。

B. 钱理群认为诗歌教育只有智力开发、情感开发、创造力开发、语言开发四种教育作用。

C. 钱理群认为中高考不准写诗歌是因为诗歌的评判标准可以规范，但考试题目过于多样。

D. 两部分材料告诉我们提倡诗教需要学校、社会、家庭一起努力，要远离功利与世俗。

(2) 结合"诗教访谈"的内容，给"诗教"下定义。

诗教是_____
_____的一种审美教育行为。

第十一单元 不同形式的多重非连续性文本

真题导航

例1 （常州中考卷）

为强化规范的汉字教育，有人主张彻底禁止使用繁体字。请综合探究下列图文材料，表明你的态度并分点阐明理由。

接触繁体字途径调查：

课本书籍	47.83%
古建筑	60.87%
邮件信件	19.57%
媒体	47.83%
字画	60.87%
其他	6.52%

一组汉字：

汉字发展总体上呈简化趋势，在稳定使用两千余年后，繁体字再次迎来了变革，1956年，新中国开始推广简化字。1971年，联合国正式的中文文件改为简体字，但简体字和繁体字长期并行于联合国工作文件。2001年，《国家通用语言文字法》实施，中国正式立法推广简体汉字，并提倡妥善处理繁体字使用问题。2005年，美国主流报纸开始出现简体汉字。2007年，世卫组织发布《传统医学术语国际标准》，由于不同国家使用的中文简体字各有差异，标准的中文部分使用的是繁体字，该标准目前为我国政府承认。近年，不断传出汉字回归繁体字的声音，有两会代表提交了《小学增设繁体字教育的提案》；台湾网友倡议两岸合作开展繁体字申遗工作；新加坡政府在推进简化字的同时，积极鼓励年轻人学会辨认繁体字。

答：_____

答题技巧解析

1. 此题中的文本形式有数据表格、图片、文字说明，属于不同形式的多重非连续性文本。

2. 阅读数据表格首先要将一组数据加以比较，抓住主要数据，进而理解主要数据所要表达的意义。该题中的数据表格两个60.87%是主要数据，它表明汉字繁体字在古典传统文化环境中运用较多，意味着汉字的繁体字中有着传统文化的基因，是中国传统文化的重要载体。

3. 该题的图片文本中是关于"中华民族"的一组字体，有篆体、隶书等四例繁体字，也有一例简化字。分析其中的意义，可以发现由繁体字到简化字有一个渐进发展的过程，多例的繁体字也说明了繁体字有着久远的文化意蕴；也可以直观地看到简化字不复杂，使用更为方便的特点。

4. 文字说明的文本比较客观地介绍了繁体字和简化字在当前的使用状况,意味着看问题要辩证客观,不可偏颇。文本中的1956、1971、2001、2005、2007、近年,这些年份的交代,既体现了时间跨度之长,也表明了中立客观的态度。

5. 阅读不同形式的非连续性文本,要根据不同文本的特点加以比较分析,然后加以综合,在此基础上回答考题才能准确到位。

参考答案

示例① 应该彻底禁止使用繁体字。因为简化汉字书写,便于提高人民的普遍文化水平;简体汉字符合汉字由繁到简的主要发展趋势。

② 不应该彻底禁止使用繁体字。因为汉字简化导致表意功能弱化;汉字简化不利于对中华文化的传承和祖国的统一。

▶ **例2** (武汉中考卷)

下面是某小组在调查武汉市的交通现状时整理的资料,请你充分利用下面图表包含的信息,针对影响市民快捷出行的主要因素,用简明的语言为提升武汉的城市形象提出合理建议。

【材料一】

影响市民快捷出行因素的调查

项 目		比 率
硬件	加快地铁及环线建设的进程	24.09
	增加便民自行车的投放数量	13.42
	增加公交车的数量	4.01
	增加出租车的数量	5.45
	其他措施	3.03
软件	规范出租车服务的管理	16.58
	科学规划公交线路站点	8.6
	规范便民自行车的管理	4.04
	提高交通管理的效率	16.48
	其他措施	4.3

【材料二】

交通问题措施的调查

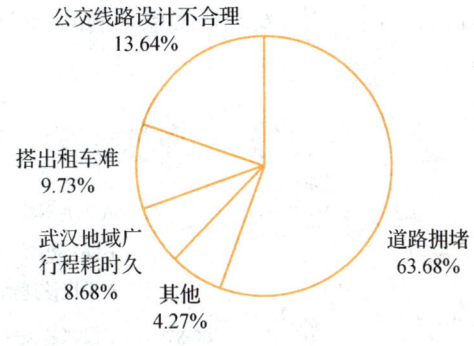

答:_____

答题技巧解析

1. 材料一是数据表格,材料二是饼状图,该题属于不同形式的多重非连续文本。

2. 饼状图可以将各要素的所占比例很直观地呈现出来,在阅读中要注意其中占比高、份额大的要素,并理解其所表达的意义。该题饼状图中"道路拥堵"这一要素占比高达63.68%,意味着分析道路拥堵的原因是解决"出行难"这一问题的关键所在。

3. 数据表格的阅读首先需要将一组数据加以比较,找到主要数据,进而理解主要数据所要表达的意义。该数据表格中"加快地铁及环线建设的进程"这一硬件条件,"规范出租车服务的管理""提高交通管理的效率"这两个软件条件是解决"出行难"这一问题的主要方面。

4. 综合考虑饼状图和数据表格,可以发现:要解决"出行难"这一问题,首要是考虑解决"道路拥堵"的问题;要解决"道路拥堵"的问题,就需要考虑"加快地铁及环线建设的进程""规范出租车服务的管理"和"提高交通管理的效率"。

参考答案

进行地铁和环线建设的整体规划,根据需求安排建设的进程,让道路使用的效益得到充分的展现;制定出租车服务的管理法规,进一步规范出租车服务的管理;提高交通管理部门的人员业务素质,使交通管理的效率得以提高。(意思对即可)

 新题演练

1. 【材料一】下面是一则关于保护野生大象的公益广告。

【材料二】如果去旅游或者在日常生活中,发现贩卖象牙制品、动物皮草等纪念品,你会怎么做?下图是对公众的调查结果。

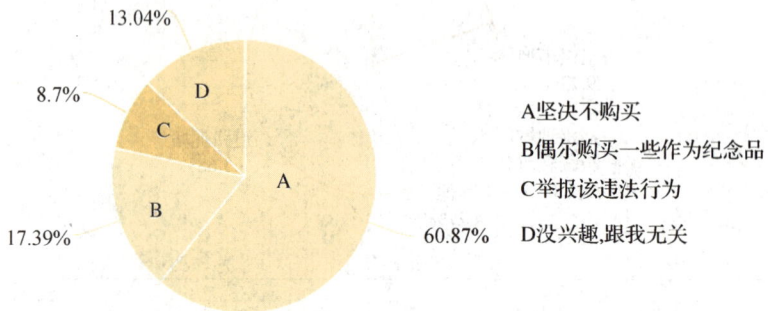

(1) 由于人类不必要的装饰需要,全球象牙贸易恣意蔓延,100多万只大象因此失去了生命。请给材料一中的公益广告设计一个宣传语:要能鲜明地表达广告主旨,有号召力;不超过15字。
答:_____

(2) 结合两则材料,就"如何保护野生动物",请你向相关部门提出两条建议。
答:① _____
② _____

2. 【材料一】 下面是一组真实的照片。20年前奶奶推着孙子,20年后孙子推着奶奶,照片拍摄于同一个地点。

【材料二】

近一半的中国城市家庭只剩"空巢老人"

全国老龄办2012年发布的数据显示

城市老年人"空巢"比例　　农村老年人"空巢"比例

认真阅读上面的两则材料,请以材料一中孙子的口吻,续写对奶奶说的一段话。(不少于30字)
时间都去哪儿了? 奶奶,20年匆匆流过,您已是银发满头,_____
_____

3. 【材料一】

绿色食品,指遵循可持续发展原则,按照特定生产方式生产,经专业机构认定,许可使用绿色食品标志的无污染的安全、优质、营养类食品,绿色食品可以分为两个技术等级,即A级和AA级。(标识见图1)

A级绿色食品标志(左)　　　无公害农产品标志　　　有机食品标志
AA级绿色食品标志(右)
图1　　　　　　　　　　图2　　　　　　　　图3

无公害农产品,指产地环境符合无公害农产品的生态环境质量要求,生产过程符合规定质量标准和规范的农产品。它的有毒有害物质残留量控制在安全质量允许范围内,符合国家食品卫生标准,但这种标准比绿色食品和有机食品的标准要宽松。普通食品都应达到这个要求。

(标识见图2)

有机食品,指在生产中未使用人工合成的肥料、农药、生长调节剂和畜禽饲料添加剂等物质,不采用基因工程获得的生物及其产物,遵循自然规律和生态学原理,采取促进生态平衡及资源可持续利用的方法来进行农业生产取得的农副产品。这代表着对食品安全的最高要求。
(标识见图3)

【材料二】

你的好朋友小红要去超市购买食品,结合上面的两则材料,你会给小红哪些提醒?
答:_____

4. 【材料一】曾有记者在500名大学生群体中做了一个问卷调查,以下是根据调查结果制成的图表:

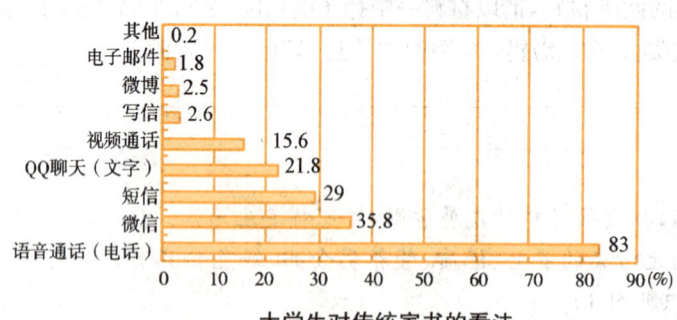

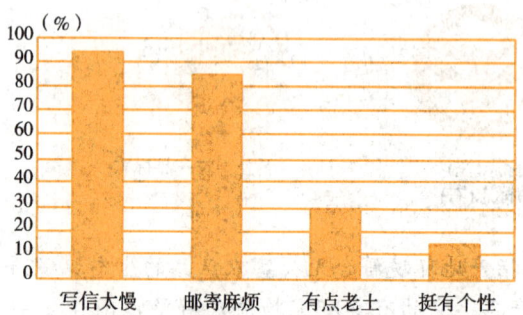

【材料二】

《曾国藩家书》

《曾国藩家书》是曾国藩的书信集,包括修身养性、为人处世、交友识人、持家教子、治军从政等方面的内容。曾国藩作为清代著名的理学家、文学家,对书信格式极为讲究,显示了他恭肃、严谨的作风。

《傅雷家书》中插图

该书是父亲写给儿子的家书,是写在纸上的家常话,感情纯真、质朴。这本书问世以来,对人们的道德、思想、情操、文化修养的启迪作用既深且远。

(1) 从材料一的表格中,你了解到"家书"在现在生活中的使用情形如何?导致这一情形的主要原因是什么?

答:_____

(2) 你觉得"家书"会逐渐消亡吗?结合上面的两则材料谈谈你的看法。

答:_____

5. 【材料一】

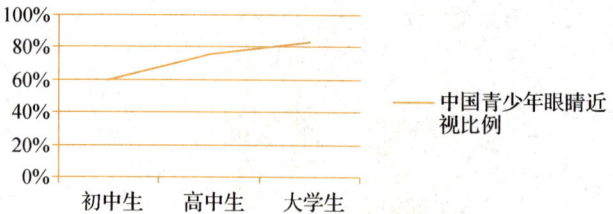

【材料二】

2015年中国青少年健康体重调查报告

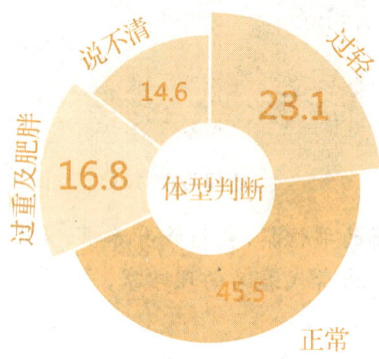

【材料三】

成绩100分

【材料四】

中日学生锻炼情况对照表

锻炼情况	每天锻炼2小时	每天锻炼3小时	参加课外体育活动
中国	6.3%	1.3%	8%
日本	21.3%	20.2%	65.4%

【材料五】

家长"疯狂接送" 瘫痪北京交通

(1) 结合一、二两则材料,说说现代中学生的身体健康存在哪些问题。

答:_____

(2) 结合材料三、四、五,分析现代中学生体质问题的形成原因。

答:_____

6. 九寨沟是我国著名的风景旅游胜地,并拥有"世界自然遗产"和"世界生物圈保护区"两项国际桂冠。自开放以来,旅游者蜂拥而至,每年游客量都超过 100 万人次。下图是九寨沟某一年客流量季节分布曲线图,看图后完成练习。

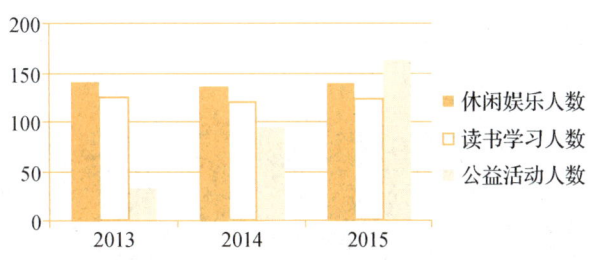

九寨沟××年客流量季节分布曲线

(1) 如果将九寨沟的旅游分为旺季、常态和淡季,那么你认为淡季大致在_____这几个月。

(2) 如果你是九寨沟的游客,你会选择哪个月出行?说明理由。

答:_____

(3) 如果你是九寨沟的旅游管理部门,针对旅游淡季,你会用什么广告语来宣传?

答:_____

(4) 旅游旺季也会带来烦恼。旅游旺季时，九寨沟景区人满为患，超过了其环境承载量，有人提出了生态旅游的建议。下面有关九寨沟开展生态旅游所采取的措施的叙述，正确的是（   ）

A. 关闭景区内的宾馆饭店，执行"沟内游，沟外住"。
B. 在景区内多移植世界各地的奇花异草，形成新的生态景观。
C. 进行旅游功能区的规划，把旅游活动的线路、范围限定在核心区以外的地域。
D. 停止生态旅游区的对外开放，促使生态环境的恢复。

第三部分

混合文本

第十二单元 连续性文本＋非连续性文本

真题导航

例1（南京中考卷）

阅读下面材料,完成1～3题。

【材料一】

黎峨道中①
[清]查慎行

青红颜色裹头妆,尺布缝裙称膝长。
仡佬打牙②初嫁女,花苗③跳月便随郎。

(选自《新编清诗三百首》,王英志编著,江苏古籍出版社1995年版)

【注释】 ①黎峨道中:自云南黎州至峨山县的途中。②仡佬(gē lǎo)打牙:即打牙仡佬,少数民族仡佬族中的一种。③花苗:苗族。

【材料二】

　　由商到周,一般统治者和奴隶,衣长齐膝似乎是一种通例。商代贵族平时常穿彩色丝绸衣服,还加上种种织绣花纹,用宽宽的花带子束腰。平民或奴隶的头饰有裹巾子作羊角旋斜盘向上的,有包头以后再平搭折成一方角的,还有其他好些样式,都反映在玉、铜、陶人形俑上,样子多和现在西南居住的苗、瑶族情形差不多(这不是偶然巧合,事实上很多三千年前古代图案花纹还可从西南兄弟民族编织物上发现)。许多野生植物,如槐花、栀子、橡斗已用来做染料,并且还种植了蓝草,能染出各种不同的青蓝色,种茜草和紫草专染红、紫诸色。

(选自沈从文《古人的文化》,中华书局2013年版,有删改)

【材料三】

　　苗族,是世界上最美丽的民族,因为苗族服饰最美丽。苗族服饰所凝聚的,是历史的记忆。苗族的历史,实际上就是一部迁徙史。

　　古籍记载,苗族起源于5 000多年前的九黎部落,首领蚩尤便被视为苗族的先祖。涿鹿大战,蚩尤兵败,战死冀州,九黎部落群龙无首,不得不向黄河以南迁徙。

　　不久,一个新的政权——三苗国,建立在江淮河湖地区。然而,历史赋予这个民族的命运是悲惨的。当苗族的先民们总算在相对理想的环境中有了一个休养生息、继续发展的机会,又相继遭到尧、舜、禹的长期征伐,三苗被迫迁徙到江西、湖南的崇山峻岭中。大约从公元3世纪起,苗族先民又开始了较大规模的迁徙。他们大部分沿乌江西行,进入贵州、云南、四川等地。

　　即使是最悲伤的时刻,苗族先民们也没有放弃对生活的眷恋、热爱和对美的歌颂、追求,没有放弃为昨天、为历史留下永恒的见证:

让我们摘下路边的野花
插在姑娘的头上
让我们割下树浆
染在阿嫂的衣上
让我们把涉过的江河
画在阿妈的裙上
不要忘记这里有过我们的胎盘
时刻记住祖先用汗水浇过的地方

在林林总总的苗族服饰中,有一种叫作"兰娟衣"的女装。其来历,有这样的传说,说兰娟是古代的一位苗族女首领,在带领苗族同胞南迁时,为了记住南迁的历程,想出了用彩线记事的办法。离开黄河时,她在自己的左袖子上用黄丝线缝上一根黄线;渡过长江时,她在右袖子上绣上一根蓝线;渡过洞庭湖时,她在胸口处绣上一个湖泊状图案。以后,每渡一条河,每翻一座山,她都要在衣服上缝下记号。记号越来越多,竟然从领口一直缝到裤脚,密密麻麻,陆离斑驳。后来,她的女儿要出嫁了,她按照所记的符号,重新用各种不同的彩线,精心绣制出一套特别精巧漂亮的女装,作为女儿的嫁衣。"兰娟衣"从此流传开来。

就这样,在没有文字的情况下,苗族同胞"以针为笔、以线为墨、以布为纸",让自己的服饰承担了其他任何服饰都不能够承担的沉重使命,并最终让它变成了一部穿在身上的史书。

苗族有一种风俗,就是老人去世后,必须要穿上绣有传统图案的寿服。

在苗族的观念里,人死后,只有穿上这种衣服,才能被祖先所承认,灵魂也才能回到祖先居住的地方。那是壮丽而神圣的"还乡"！

(选自韦荣慧《云想衣裳》,北京大学出版社2015年版,有删改)

1. 请简要描绘诗人在黎峨道中看到的场景。
   答：_____
2. 结合三则材料,谈谈苗族服饰有哪些特点。
   答：_____
3. 顺顺在博物馆看到一件绣有牡丹花的古代苗族衣裳。牡丹产于北方,西南并不生长。顺顺很奇怪。你阅读上述材料后,向顺顺谈谈自己的理解。(请写出五点)
   答：_____
   _____
   _____

答题技巧解析

1. 此题考查诗意的解读。要用描绘的语言,适当地加入想象,不能直接翻译诗句。
2. 此题考查信息的提炼和总结。先从三则材料中提炼出描写苗族服饰的语句,然后根据这些语句总结出相应的特点。
3. 此题考查对文章内容的理解和运用。解答时要抓住题干中"牡丹产于北方,西南并不生长"这句话,从"产于北方"联想到苗族的历史,进而探究出这些图案的内涵。

参考答案

1. 示例：诗人在黎峨道中见到仡佬、苗族青年男女穿着盛装,在月下尽情歌舞,为女子出嫁庆贺,在歌舞中相恋的场景。
2. 苗族服饰的特点有：颜色鲜艳,衣长齐膝,头饰样式丰富,图案记录了民族历史等。
3. 示例：苗族的祖先曾经在中原生活,后被迫迁往西南；苗族同胞不忘祖先,始终铭记自己的故土；他们有独特的生活智慧,用服饰上的牡丹等图案纪念祖先,记录历史；无论经历怎样的命运,他们都保持对生活的眷恋和对美的追求；对于古老的生活传统和文化习俗,他们懂得珍惜,重视传承。

→ 例 2 （南通中考卷）

阅读下面三则材料,完成1~4题。

【材料一】(时间都去哪儿了)(歌词)门前老树长新芽/院儿里枯木又开花/半生存了好多话/藏进了满头白发

记忆中的小脚丫/肉嘟嘟的小嘴巴/一生把爱交给她/只为那一声爸妈

时间都去哪儿了/还没好好感受年轻就老了/生儿养女一辈子/满脑子都是孩子哭了笑了

时间都去哪儿了/还没好好看看你眼睛就花了/柴米油盐半辈子/转眼就只剩下满脸的皱纹了

【材料二】

人一生的时间表
（以平均年龄72岁计算）

项目	吃饭、睡觉	学习、工作	娱乐休闲	交通	做家务	其他
年限	29年	18年	12年	6年	6年	1年
占比	40.3%	25%	16.7%	8.3%	8.3%	1.4%

【材料三】① 为什么年龄越大感觉时间过得越快？科学家从三个方面解释了这种现象。

② 首先从人的生理变化上来解释。随着年龄的增长,体内的生物钟变慢了。科学家曾做过一个实验:他们从路边随机找一些年轻人和老人,让他们估测一分钟有多长。结果是:年轻人估测的时间比较快,通常还没有到一分钟,他们就认为已经到一分钟了;而年长的人,他们通常过了一分钟,才觉得这是一分钟的时长。对年长的人来讲,时间就这么"漏"掉了。在衰老的进程中,人体内的某种节律在变慢,而客观的时间没有变慢,就会感觉时间过得快了。

③ 第二个原因与新鲜感能刺激大脑记忆有关。每个人可能都会有这样的经历:当我们新去一个地方时,去的路总是显得很长,回来时似乎要短得多。原因是,去时走这段路对你来讲是崭新的经历,你所看到的景色都是新鲜的,你的大脑需要对这些新鲜事物进行处理记忆,就会感觉时间过得很慢,路似乎很长。而回来时,这些景象不再是第一次体验,一切变得熟悉,大脑需要处理的事物也变少了,时间似乎过得就快了,路也似乎短了许多。

④ 人生也是一样,随着年龄的增长,外界的事物已经少了一些新鲜感,更多的只是一种单调的重复刺激。丰富的经验使精神对于生活中的信息处理得极为快速,渐渐进入了"适应性"的状态。这不但削弱了对时间流逝的感知,同时保留的记忆也信息不全,因而显得一天不经意间就过去了。

⑤ 第三个原因则可以用"相对论"来解释:一个五岁的孩童,他会感觉过去的一年很长很长,这是因为过去的一年占他生命总过程的20%;一个20岁的青年,过去的一年只占他生命的5%;而对于一个50岁的中年人,过去的一年仅仅是他生命过程的2%。人越老,几个月甚至几年的光阴在其整个人生当中所占的比重就越小,同漫漫人生相比,这些微不足道的时间过起来就会觉得很快。

(有删改)

1. 围绕"时间都去哪儿了",三则材料表达的主要内容各是什么？请逐一概括。

    答：_____

2. 指出材料三第⑤段运用了哪些说明方法,并分析其作用。

    答：_____

3. 比较材料一与材料三画线句主要表达方式及效果的不同。

    答：_____

4. 请结合材料一与材料二,联系生活实际,分别谈谈你得到的启示。

    答：_____

答题技巧解析

1. 此题考查对材料内容的筛选和概括,涉及不同的文体,完成时,应围绕"时间都去哪儿了"。
2. 此题考查对说明方法及其作用的把握。完成时,首先应知道说明方法的种类,然后再进行分析。
3. 此题考查对表达方式的把握,表达方式有记叙、抒情、议论、说明、描写等五类。
4. 此题是一道开放性试题。完成时,应结合材料的具体内容进行分析,比如材料一主要是写母亲对照顾小孩过程的回忆,然后抒发自己对时间流逝的感慨,所以可以得出我们要懂得感恩这一启示。

参考答案

1. 材料一抒发了对时间不知不觉流逝的感慨。材料二则清楚地告诉人们一生的时间分别去了哪儿。材料三说明了年龄越大感觉时间过得越快的原因。
2. 举例子、作比较。说明时间的长短对于不同年龄的人来说是不同的。
3. 材料一运用的是抒情的表达方式,材料三运用的是说明的表达方式。虽然表达的内容是相同的,但是材料一更能引起读者的共鸣,更具感染力,使人深思。材料三则清楚地让读者知道为什么年龄越大感觉时间过得越快。
4. 示例:从材料一中懂得了感恩,从材料二中明白了要把时间花在学习和工作上,而不是娱乐休闲上。

新题演练

一、社会热点

(一)关注体育中考

【材料一】

2014年教育部中考改革措施10条(节选)

……

6. 大幅度调整中考内容,重新制定课程标准,降低难度,删除繁难偏旧,突出核心知识与能力的考查;

7. 中考英语从120分到100分,其中听力要增加到40分;

8. 语文从目前的120分要增加到150分;

9. 物理、化学合卷考试,逐步体现科学综合,总分160分,其中物理约100分,化学约60分;

……

【材料二】

进一步扩大综合改革试点,各省(区、市)要选择有条件的地市学习借鉴一些地区改革的成功经验,结合本地实际,积极探索基于初中学业水平考试成绩、结合综合素质评价的招生录取模式。

试点地区要改革录取计分科目的构成,从初中学业水平考试科目中选择部分科目作为录取计分科目,除语文、数学、外语科目外,根据文理兼顾、负担适度的原则,确定其他具体科目及数量,防止群体性偏科和加重学生负担。要将体育科目纳入录取计分科目,科学确定考试分值或等级要求,引导学生加强体育锻炼。

(摘自2016年9月20日教育部下发的《关于进一步推进高中阶段学校考试招生制度改革的指导意见》)

【材料三】各地2017体育中考政策盘点

表一　部分省市地区体育分占中考总分比例

地区	所占比例
河南郑州	10%
四川绵阳	10%

(续表)

地区	所占比例
广东广州	7.40%
山东威海	7.14%
北京	6.89%
安徽合肥	6.83%
江苏昆山	6.76%
江西南昌	6.70%
湖北武汉	5.45%
天津	5.08%
浙江杭州	5%

表二　部分省市地区中考方案

科目	计分
语文	120～150
数学	120～150
英语	120～150
物理	80～100
化学	80～100
历史	50～80
思想品德	50～80
体育	30～80

【材料四】

网友热议:体育中考是负担还是动力?
支持派提高体质"金不换"

　　沈女士的女儿去年凭着优异的成绩考入高中。沈女士告诉记者,虽然初中老师学业抓得很紧,但是直至初三,女儿的体育课从未被占作他用,初三时,为了备战体育中考,每天早上的长跑训练更是雷打不动。在她看来,久坐书桌的孩子当然需要跳跳跑跑,既是放松,也能提高体质。她的女儿和很多同龄人一样,也不愿动,稍远一点的地方就想以车代步,学校逼一逼,有好处。"关键是老师方法得当,能在关键技术上对孩子进行点拨,让他们看到自己的进步,提高兴趣!"令她欣慰的是,以前体力不佳,学校军训会晕倒的女儿,新高一军训,精力充沛得很。

　　网友"三妈":按现在的标准,我的小孩还不能考满分。仅就标准而言,确实是有点高,有些项目已经达到业余运动员的标准。但是,如果没有这种强制性压力,估计有些人练都不练,降低标准和分值正好合这部分人的心意。希望随便练习一个学期就拿满分,这种叫功利主义。

　　李女士自己从事教育工作,虽然周围不少父母都把孩子的业余时间交给了形形色色的学科类补习班,但从孩子一年级起,她给全家人安排的最重要的双休日固定节目却是——陪孩子一起去某青少年足球训练营踢球。四年坚持下来,她发现孩子不仅很少感冒,协调性也提高了,更让她欣喜的是,儿子更像一个小男子汉了——天寒地冻,她和丈夫躲在车里观战,儿子球衣一换,冲锋陷阵去了;球队输了比赛,队友从起初的互相责怪到理性分析各自表现。她觉得,体育运动中培养出的意志品质和团队合作精神,是不可替代的。用考试的方式引导更多孩子动起来,在她看来未尝不是一件好事。

1. 结合一、二两则材料,说说教育部最新的中考改革方案有了哪些变化。

   答:_____

2. 结合材料二、三,说说体育学科在中考中的地位如何。

   答:_____

3. 关于"体育中考是负担还是动力",有网友说:"孩子学语数外已经很累了,现在还要加练体育,负担更重了!"请你结合材料四中的有关观点,劝说这位网友。

   答:_____

(二)关注足球改革

【材料一】

足球改革为何如此重要

或许很多人都没有想到,"足球改革"会成为190项改革举措中的一项,并且,中央全面深化改革领导小组在春节后首次会议上,首先审议通过的就是《中国足球改革总体方案》。这将足球改革放在了前所未有的高度。

全国人大代表、民革吉林省委副主委郭乃硕说,多少年来,"踢出国门,走向世界"是球迷的梦,甚至是中国强国梦的一个缩影。

在笔者看来,足球改革绝非仅仅为了解决谁输谁赢的问题,甚至主要不是为了解决谁输谁赢的问题,而是着眼于这一运动和这一产业的长远发展问题,是为了惠及群众。同时,足球改革也具有很强的经济学意义。

足球运动具备强大的群众基础,商业化价值极高。全球年产值超过5 000亿美元,占体育产值总比重超过40%。全球足球球迷超过16亿人,其中中国球迷超过3亿人。

足球将在我国体育产业提速发展的过程中扮演重要角色。除了门票收入、球赛转播收入之外,服务于观众餐饮、住宿、旅游的方方面面也构成极大的经营空间,可以创造惊人的利润,解决相当数量的就业人口。与足球运动相关的校园培训、业余培训、职业培训,也是很重要的经营市场,可以创造大量就业机会和经济效益。与足球运动相关的硬件设施如足球制造、服装制造、场地租赁、场地服务等等,同样是一块很大的市场蛋糕。

2014年10月,国务院曾下发《关于加快发展体育产业促进体育消费的若干意见》,提出要"抓好潜力产业,以足球、篮球、排球三大球为切入点,加快发展普及性广、关注度高、市场空间大的集体项目,推动产业向纵深发展。对发展相对滞后的足球项目制定中长期发展规划和场地设施建设规划,大力推广校园足球和社会足球。"要求到2025年体育产业总规模超过5万亿元。

足球产业还与环境保护息息相关。试想,如果没有良好的室外环境,大规模的足球运动如何展开?要大力提高足球产业的规模,提高足球运动的影响力,就要大力整治环境,治理雾霾等污染问题。足球产业所带动的和所牵涉的领域极其广泛。

改革涉及体制问题,将为中国体育产业打开巨大的市场空间。中国足协与体育总局脱钩,推行政社分开、政企分开、管办分离,加快推进体育行业协会与行政机关脱钩。改革完善足球俱乐部制度,鼓励多元资本投入。改革足球赛事收益分配机制。联赛收入分配机制改革、电视转播权市场化、票务系统及衍生品开发等商业运作将提升联赛和俱乐部的收入和盈利水平,推动联赛良性发展。

数据显示,目前我国体育产业规模仅为2 000亿元,其中1 000亿元为彩票,800亿元为体育相关鞋服,在运动、活动、比赛方面的消费微乎其微。不仅规模小,结构也很单一。希望借助这次足球改革的机遇,我国体育产业能够取得新的重大突破。

如何有效推进中国足球运动的发展呢?我们可以听听北京国安俱乐部副董事长张路的观点。他说:"以我从事足球多年的经验,我认为中国足球的根本问题是踢球的人太少,而不是其他原因。我们中国也有贝利和马拉多纳,但他们却没有接触足球的机会。只有大力普及足球运动,增加足球人口的比例;提高联赛的质量和水平;搞好足球管理机构的改革;抓好国家级队伍的梯队建设,才能解决好这些问题。只要我们加倍努力做好这些工作,必然开辟出中国足球发展的一片崭新天地。"

(根据网络资料编写)

【材料二】漫画《培育》

【材料三】

1月7日,2016江苏省青少年校园足球年度颁奖典礼在南京举行。省政府副省长张敬华,省政府办公厅主任、省足协主席谢润盛,省政府副秘书长陈少军、省教育厅党组书记、省委教育工委书记葛道凯、省教育厅副厅长朱卫国,省体育局局长陈刚、副局长刘彤、王伟中,省广播电视总台台长卜宇等领导出席颁奖典礼并为获奖代表颁奖。省青少年校园足球领导小组成员出席颁奖典礼。

在颁奖典礼上,张敬华为团体一等奖获奖单位代表颁奖,葛道凯为优秀教练员颁奖,朱卫国为江苏省首批足球特色幼儿园代表授牌。颁奖典礼进行了江苏省青少年校园足球会徽、会歌、会旗发布,南京艺术学院、海门市海南中学珂缔缘俱乐部、玄武中等专业学校、南京市浦口中等专业学校、南京拉萨路小学和南京市小天鹅幼儿园师生进行了青少年校园足球文化活动展示。

2016年,我省青少年校园足球工作加快发展,以普及带动提高,以创新促进发展,全省青少年校园足球事业发展规模快速壮大,发展水平明显提高,发展环境不断改善。

各设区市教育局、体育局及职能部门负责人,省招收高水平足球运动员高校、省高校体育教育专业校园足球联盟单位负责人,以及教练员、裁判员、运动员、校外辅导员代表参加颁奖典礼。

1. 阅读材料一,回答"足球改革重要"有哪些理由。
   答:_____

2. 结合材料一中的相关内容,说说材料二中漫画《培育》的含义。
   答:_____

3. 给材料三加一个标题。
   答:_____

(三)高考取消英语科目,你赞成吗?

【材料一】

"今年的重中之重是推进考试招生制度改革。"教育部长袁贵仁在2014年全国教育工作会议上说。

据教育部官网的袁贵仁讲话稿显示，今年，教育部将出台考试招生制度"总体方案"和关于高考、外语一年多考、高中学业水平考试、综合素质评价、考试招生违规处理等配套"实施意见"。

4月20日，多家媒体援引朱永新说法称，全国高考改革方案初定为语数外三门，其中外语一年两考，再让学生选考三门，按等级评价。

朱永新则在4月21日凌晨，通过实名认证微博回应，"我只是提供个人意见，不可能代表教育行政部门发布高考改革方案的信息，希望媒体不要以讹传讹。"

教育部发言人也对新京报记者表示，考试招生改革方案力求充分考虑高考改革的复杂性、周期性和长期性，"会先试点再推广，以积极稳妥有序推进"。

全国人大代表、长江教育研究院院长、华中师范大学周洪宇教授曾亲身参与征求意见。至于哪些省份和高校会先行试点，周洪宇认为，教育部和国家相关教改综合领导小组会评估各地意愿及改革条件工作基础，以敲定首批改革试点地区。"今年秋季，试点省份进入高中的学生会按新方案学习。"周洪宇预计，在2016年底，首批高中生或将参加改革后的外语社会化考试。

昨日，中国教育学会原会长顾明远接受新华社采访时回应称，系媒体误读，一切要以相关部门正式公布为准。英语实行社会化考试、一年多次考试是改革方向，但这并不等于英语退出高考。

【材料二】网络投票

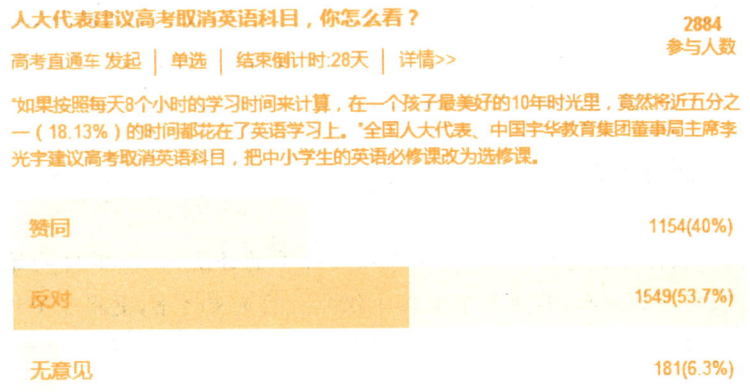

【材料三】

每年两会，有关高考的话题总会牵动万千网友的心。近日，两位代表委员对"高考该不该取消英语考试"的分歧在舆论上引发争议。

@中国宇华教育集团董事局主席李光宇：目前中小学的孩子们花在英语学习中的时间太多了，如果按照每天8个小时的学习时间来计算，在一个孩子最美好的10年时光里，竟然有近五分之一（18.13%）的时间都花在了英语学习上。所以把中小学生的英语必修课改为选修课还是可行的。

@俞敏洪：我觉得取消英语考试这个建议有点仓促，甚至比较鲁莽。其实学习英语已经不再纯粹由国家决定了，这是中国走向世界的必然需求。虽然我并不赞成取消英语考试，但我觉得可以降低英语在高考中的比重，或者降低英语在高考中的难度。如果有的家庭希望孩子未来出国深造，自然会给孩子增加英语学习的量，但英语对于普通老百姓，尤其是边远地区的孩子来说，学习起来依然有一定的困难。

@知乎网友夜寐太行：支持高考取消英语的，非蠢即坏。对个人而言，接受教育参加高考有两个目的，一是学知识，二是在竞争中战胜同侪进入好大学。从学知识的角度，英语不能取消，反而分量还要加重。和"普适性"欠缺的数理化生史地政相比，英语本身就是校园能教给你的最有用技能之一，四六级对任何行业都是敲门砖，国家也需要通晓英语的"鸟巢一代"。

@新浪网友小V：这年头你说你英语不好就好像在和我说你不会用电脑一样，基本的工作技能都没有，还何谈竞争力？

@新京报：若取消了英语，可以预见，学校里教得越少，学生、家长寻求校外"进补"的需求就越多，愿意支付的代价也越大。对于中国社会、未来,都不是好事,越有钱就越有条件校外"进补",贫困家庭的孩子可能学不起。

@武汉工程大学教师张永红:支持取消高考英语的初衷,很多是因为英语学习占用了大量时间、应该给学生减负。其实就目前而言,学校取消了英语,学生们仍然会在其他科目上拼命,学业负担并未受到实质影响。弱化英语学习和增强中国传统文化的学习之间并没有必要联系,适度在大学阶段降低英语的要求,针对不同专业、不同层次学习进行分类教学,鼓励和加强专业知识的学习,也许是一条循序渐进的改革方向。

1. 材料一中顾明远会长说媒体误读了"英语2017年退出统一高考"的高考改革方案,那么正确的理解应该是什么?
答:_____

2. 请分析材料二图表中的数据,说说你所得出的结论。
答:_____

3. 请根据材料三,试概括高考取消英语的"利"与"弊"。
答:_____

二、文化传承

（一）关于"汉语危机"的主题阅读

【材料一】

最近,上海举行的一项翻译大赛爆出冷门:由于缺乏优秀的译文,大赛不仅一等奖空缺,还将二等奖颁给了一位土生土长的新加坡人,其原因不仅在于他突出的英文水平,更在于他流畅、优美的中文表达。相形之下,国内选手提交的相当多的作品言不达意,其中用词不精当、标点符号误用等小错误更比比皆是。

这一现象的出现绝非偶然。记者在调查时发现,目前的中小学生,大多数都会把语文的学习一推再推,甚至根本不为学习语文留出时间。六年级的党子怡同学说:"我周一到周五每天的课程几乎是排满的,好不容易盼来的周末也被妈妈替我报的数学提高班占用。别说安排时间专门学习语文了,连想歇一会儿的时间都没有。"

问题确实很严重,现在很多人不再会用"恻隐之心",不懂"虽千万人吾往矣",不知道"执子之手,与子偕老",只会说"我看你可怜""老子跟你拼了""我要和你结婚",甚至将"列祖列宗"写成"劣祖劣宗"。一位四年级学生的一张字迹歪歪扭扭的请假条让老师哭笑不得:"亲爱的老师,我因感冒去看'衣生',3KU,老师。"很明显"衣生"确实吓到了老师,"3KU"(THANK YOU)也让老师摸不着头脑,而经过多次纠正以后,他仍然认为自己是对的。

【材料二】

英文充其量是我们了解世界的一种工具而已,汉语才是我们真正的根。

——余光中

语文是母语,母语是母亲说的话。每每看到有越来越多的学生不喜欢写字,不喜欢汉语言文字,不喜欢千古传诵至今的诗词歌赋,茫然无知于中国传统文化,就像看到黄河断流一样会凄然感慨,却欲哭无泪。

——杨启亮

一个不懂得"虽不能至,心向往之"的人,就不能感受精神世界的宏大深远。

——雪雾

我们需要提高英语的能力,是在提高我们使用这一工具的能力。但是工具跟你的灵魂,你不能把它混为一谈,你的灵魂还是你自己。对于汉语的掌握的最深刻最高的境界,才是你的灵魂。

——龙应台

【材料三】

全球"汉语热"与"留学中国热"的深层次分析

近来,数家西方大通讯社和主流媒体从各自的角度发表长篇报道,聚焦全球范围的汉语热现象,掀起一波介绍汉语热的热潮。汉语热已经超越了语言版图,成为一种融合经济与文化的"全球现象"。迄今为止,全球已有近百个国家,两千多所大学开设了汉语课程,开汉语课的中小学更如雨后春笋,不计其数。中国教育部日前对外发布了近5年来外国赴华留学生年增两成的消息。

"汉语热"与"留学中国热"产生的原因,首先是经济层面的。十年前,外国人学汉语,也许大多是为去中国工作做实际准备;今天,他们学汉语,是看好中国经济的高速持续发展,相信汉语作为强势语言的未来地位,以期搭上全球范围内的中国经济发展的快车。

其次,是文化的期待。中国经济20多年来以GDP年平均增长10%的高速发展,堪称奇迹。但须知:经济奇迹的背后,必有文化的支撑。只有以汉语为工具,以对中国文化的理解为依托,才能在未来中国经济的发展中把握先机。

海外华侨华人新生代在这一轮抢占先机的热潮中,自然有近水楼台之利。但在与外国人的竞争中,能否先得月,还要看他们在文化上下的功夫如何。进一步加深对祖国的了解,补上文化课,堪称当务之急。

1. 请给材料一和材料二各加一个小标题。
   答:＿＿＿
   ＿＿＿

2. 阅读材料三,第二段和第三段的顺序能否调换?请说明理由。
   答:＿＿＿
   ＿＿＿

3. 阅读下面一段话,回答问题。
   海外华侨华人新生代在这一轮抢占先机的热潮中,自然有近水楼台之利。但在与外国人的竞争中,能否先得月,还要看他们在文化上下的功夫如何。
   "近水楼台"是指＿＿＿＿＿＿＿＿＿＿＿＿＿＿＿＿＿＿＿＿＿＿＿＿＿＿＿＿＿＿＿＿＿＿＿
   ＿＿＿。
   "先得月"是指＿＿＿＿＿＿＿＿＿＿＿＿＿＿＿＿＿＿＿＿＿＿＿＿＿＿＿＿＿＿＿＿＿＿＿＿
   ＿＿＿。

4. 读完上述材料,说说你对汉语学习的价值和意义有哪些认识。
   答:＿＿＿
   ＿＿＿
   ＿＿＿

(二)关于"中国汉字听写大会"的主题阅读

【材料一】

流动的汉字(节选)

是谁的目光,虔诚地聚焦在龟甲上,
扭动的符号闪烁着智慧的光芒。
这一刻,你是一盏刚刚点亮的神灯,
笑容中,占卜到了希望。

泰山之巅,一个老人运笔如风,
圆润宛转的小篆若苍鹰飞动,
讴歌着一统天下的伟业丰功。
这一刻,你是一把倚天长啸的铁剑,
荡气万里,观者动容。

永和九年,一篇不朽的文字在兰亭诞生。
飘飘若游云,矫矫若惊鸿,
留给后世多少赞叹与吟诵。
这一刻,你是上苍赐予的一朵奇葩,
旷古绝今,笑傲江湖的飞龙。

【材料二】

二十九中在中国汉字听写大会南京选拔赛中一举夺魁

3月1日～2日,中国汉字听写大会南京选拔赛在南京电视台如期举行。经过两天的激烈角逐,南京市二十九中代表队披荆斩棘、力压群雄,在全市十六支参赛队中一举夺魁!

3月1日,十六支代表队通过抽签分四组进行角逐,赛制采用积分制,每组的前两名可以进入半决赛。二十九中代表队最终以单场总分最高的成绩,顺利挺进八强。

3月2日上午,晋级的八支代表队分成两组进行半决赛。赛题难度明显提高,对手实力更为强劲,而二十九中代表队表现依然抢眼,其中一位选手以十题全对的惊人战绩赢得观众一片掌声。最终二十九中代表队毫无悬念地挺进四强。

当天下午两点,决赛在众人瞩目下开始。二十九中代表队与南外等三所学校代表队展开了激烈比拼。决赛采用淘汰制,参赛队员一旦答错即被淘汰。当比赛现场只剩下二十九中和南外两支队伍时,场上的焦点全部集中到这两支参赛队的小队员身上。南外一名选手苦战三轮,却因把"戴罪立功"的"戴"字中间的"田"误写成"由"而遗憾败北。二十九中代表队终于战胜劲敌,获得南京市汉字听写大赛的冠军!

【材料三】

汉字的美学价值

汉字是充满美感的文字,可以毫不夸张地说,世界上还很难找到一种文字能与汉字相抗衡。

汉字有结构之美。汉字是一种象形文字,这一特点决定了它美的底蕴。汉字像建筑物一样,有间架结构,不管是左右结构、上下结构,还是包围结构,汉字的第一要求就是稳定,不能摇晃倒地。于是,汉字特别讲究协调和平衡。有许多字,实际上是一种对称的结构。汉字的这一特点,成了书法艺术的基础。

汉字有意象之美。汉字是用线条来描摹事物的,因此,其中充满了一种意象之美。比如,我们平常见到的"哭"与"笑"两个字,不论你用何种字体来写,看上去都会觉得"哭"就是在哭,"笑"就是在笑。一些书法家把一个繁体的龙字写得像一条龙在飞舞,活脱脱是一幅写意的国画。有个舞厅的外面挂了一个"舞"字招牌,活生生是一个女子在独舞。这就是汉字的神奇之处。

汉字有音律之美。汉字一字一音,发音抑扬顿挫,极富美感。中国的诗歌历来是讲究平仄,讲究押韵,讲究节奏的。为什么?因为这样才能把汉字的音律美体现出来。现在一些人写自由诗,根本就不管汉字固有的音律美,诗歌散文化,硬性断句,随意换行,结果不但诗歌的意境受损,而且音律美也丧失殆尽。一首好诗,不但意境要美,而且要有音律美。这样,朗诵时才会激情喷发,感染听众。

汉字有动感之美。汉字书体纷繁,姿态万千。它不为形体所拘,即使狂草,我们也可以从其狂劲奔放的笔画中欣赏到它的动感之美,领略到深藏于形体背后的中国书法神韵。不同书体体现不同风格。<u>正楷,如正襟危坐的君子;行书,如健步行走的军人;草书,如步履匆匆的商贾;狂草,如跃马酣战的斗士</u>。写得好的汉字,便成了书法,成了艺术精品。

在世界文字之林中,中国汉字确实是异乎寻常的。它的创造契机显示出中国人与世不同的文明传统和感知世界的方式。

1. 阅读材料一,诗歌第一节中加点的"刚刚点亮"有何表达效果?
   答:_____
   _____

2. 阅读材料一,请结合全诗,说说你对标题"流动的汉字"中"流动"一词的理解。
   答:_____
   _____

3. 阅读材料二,结合全文,说说文中"披荆斩棘"的含义。
   答:_____
   _____

4. 材料三共介绍了汉字四个方面的美学价值,作者为什么首先介绍汉字的结构之美?
   答:_____

5. 阅读下面的链接材料,这段文字可以体现汉字哪一方面的美学价值?
   链接材料:
   "重"字一望而沉坠,"霜"好像散发出一种寒气,"幽"字一出现,你似乎进入森林或宁静的院落。

   (刘湛秋《我爱你,汉字》)

   答:_____

6. 对以上三则材料理解分析不正确的一项是 (　　)
   A. 材料一中诗人使用第二人称,便于深情地表达对《兰亭集序》的赞叹、崇敬之情,表达对汉字承载的历史文化的赞美之情。
   B. 材料二中"挺进""劲敌"等词语表达准确,体现了新闻的真实性、及时性、可读性的特点。
   C. 材料三中画线句是作者通过举例子和打比方,生动具体地说明不同书体体现不同风格,体现了汉字的动感之美。
   D. 以上三则材料反映了汉字的发展演变、汉字的传承、汉字的研究等内容,阅读这些材料是为了让我们体味汉字之美,从而弘扬中华民族优秀的文化传统。

(三) 话说重阳

【两个传说】

古史上说轩辕黄帝最后驾龙升天了,老百姓舍不得他,奔走呼告。黄帝驾龙升天的日子是农历九月初九,每年的这一天,人们登高远望,希望能看见黄帝乘巨龙归来。

汝南桓景听说汝河里住着一个瘟魔,每年都要到人间走一走,把瘟疫带到人间,于是,他上山向费长房学习仙术。一天,费长房告诉他九月初九家乡有难,让他赶回家乡救百姓。那天,桓景领着妻子儿女、父老乡亲登上了附近的一座山,给每个人分了一片茱萸叶,又让每个人喝一口菊花酒,然后他独自回到村中。瘟魔上了岸,窜到山下,只觉酒气刺鼻、茱萸异香,只好进村,等在村中的桓景用青龙剑杀了他。

【三地风俗】

山东省:昌邑北部人家于重阳节吃辣萝卜汤,有谚语道:"喝了萝卜汤,全家不遭殃"。鄄城民间称重阳节为财神生日,家家烙焦饼祭财神。

陕西省:西乡县重阳节,亲友以菊花、菊糕相馈赠,士子以诗酒相赏。据说妇女此日以口采茱萸,可以治心疼。

广东省:连川重阳,童男童女皆至城外相聚答歌,州人围观。南雄府九月九日请茅山道士建王母会,想求取子嗣的青年妇女都会前来参加。临高县民重阳节早起,大家齐声高喊"赶山猫",以此为安和富利之吉兆。

【各种礼物】

　　36岁的沈钟在事业单位工作,早在9月中旬,他就为全家人报了华东五日游的旅行团。他说,父母都是退休教师,酷爱旅游。平时为自己带孩子太辛苦,今年十一长假恰逢重阳节,正好全家同游同乐。80后企业职员小李说,父亲是数码发烧友,今年重阳节,送父亲一个新款DV机。而网友七七考虑到奶奶记性不好,今年重阳节准备送老人一个陶艺娃娃计时器,还能录自己的声音,"奶奶,到点啦,锅开了!"给老人关怀和快乐。"重阳节,常回家看看吧。哪怕陪爸妈聊聊天,说说话,做做饭。相见就是亲,孝在点滴中啊!"做大学教授的尚重生格外动情。

1. 请概括重阳节各项习俗背后的文化意义。
   答：_____

2. 由于重阳节的种种风俗习惯,重阳节多有别名,以下不可能是重阳节别名的一项是　　　(　　)
   A. 踏青　　　　B. 茱萸节　　　　C. 菊节　　　　D. 登高节

3. 以下关于重阳节的说法不正确的一项是　　　(　　)
   A. 重阳节始于传说,与节气相关,在发展过程中形成了各种习俗。
   B. 重阳那天,自制一张画有菊花、青松、仙鹤的贺卡送给爷爷奶奶、外公外婆,可表达浓浓的祝福。
   C. 随着时间的推移,人们为重阳节赋予了新的内涵,但它的核心文化价值一直没有改变。
   D. 自古以来,人们就把重阳节作为老年节加以纪念,但也有很多青年妇女会在当天发出求取子嗣的祈愿。

4. 2012年12月28日,我国法律明确规定每年农历九月初九为老年节。请你根据材料探究法律上这样明确规定的原因。
   答：_____

(四)"走近蒋勋"主题阅读

【百度百科：蒋勋】

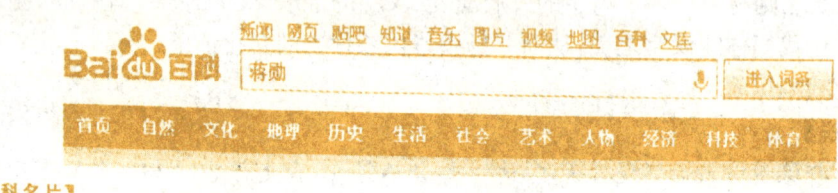

【艺术人生】

　　蒋勋,是台湾文化圈里公认的全才。

　　1972年,蒋勋到法国巴黎大学艺术研究所求学。1976年返回台湾后,先后执教于文化大学、辅仁大学和东海大学。2000年,他辞去东海大学美术系主任的职务。

　　他驰骋于文学领域,以诗歌吟诵激情,用散文细说生活,用小说反映人性。其文笔清丽流畅,兼具感性与理性之美,有小说、散文等作品几十种。

他翱翔于书画天空,多次举办画展。第一次画展,就以六十多件水墨作品,深获各界好评。他深谙书法,书风兼具颜真卿的气势恢宏和魏碑的苍劲明快,认为书法的顿挫点捺,就是生命的一种实践。

【人物写真】

大红围巾、黑上衣、牛仔裤,深秋北京,64岁的蒋勋坐在人群中从容"布道",他的声音富含磁性,"有能让人安静下来的神效"。他的"布道"帮助了很多人。有人每晚听着他的声音入睡,有人因为他讲《寒食帖》开始练习书法,还有人决定无论多忙都要出门看看月亮,松弛心情。

近年来,蒋勋游走于大陆与台湾之间,在海峡两岸掀起了一股美学热,被媒体誉为"美学布道者"。

【人物轶事】

1. 在东海大学时,有一天,蒋勋经过学校草坪,阳光下,一个年轻男孩穿着破牛仔裤,躺在草地上读诗。他想,有多久没有这样躺在草坪上读书了?于是突然下了决心,要辞去美术系主任的职务。

2. 有一次,蒋勋谈起离职一事,说:"为什么我要离开大学?我忽然很想做的一件事是社会大众的美的教育,如果这一部分没有做,我们有再多的画家、音乐家、建筑家,其实是没有用的。"

【个人语录】

1. 我常常给美下一个定义,美是回来做自己。
2. 每个活着的生命都要找到自己,美是一种拯救。
3. 美在生活中,要学会从细微处感受生活中的美和力度。
4. 我们都有一个误解,认为美是看画展、听音乐会,其实美不只在艺术里、在画廊里、在音乐厅里。我一直提倡,美是一种布道。我希望有一天在这个社会里面,我们走出去看到的事物都是美的。
5. 美的力量能呼唤心灵,进而改变自己。
6. 孤独是生命圆满的开始,没有与自己独处的经验,不会懂得和别人相处。

【社会评价】

蒋勋善于把低眉垂睫的美唤醒,让我们看见精灿灼人的明眸。善于把沉哑喑灭的美唤醒,让我们听到恍如莺啼翠柳的华丽歌声。

——台湾作家　张晓风

蒋勋的文章里有太多的硬伤。如蒋勋讲红楼梦,在讲北静王初见宝玉那一段,他引用了唐玄宗写的《鹡鸰颂》,却说成是唐高宗写的。我们平常开一个讲座,大约事先总要做点功课,但蒋勋讲一个东西好像从不需要找一个注释参考一下。他对具体文字的解释,真是毫无根据,强悍无比。

——浙江大学教授　江弱水

蒋勋先生能用十分浅显易懂的语言来讲述原本深奥的道理,让人如沐春风,茅塞顿开。他的文字又是一面镜子,照出了现实生活中不容易被发现的一些真相。他的文字让人安心宁静。

——网友　淡水寒烟

1. 蒋勋的主要成就有哪些?请根据上述材料简要概括。

答：_____

2. "人物轶事"写了蒋勋重要的人生选择。他为什么作出这样的选择?根据上面有关材料简要回答。

答：_____

3. 社会评价中江弱水的话引起了网友热议。下面是两段网友评议,你看了后,对蒋勋有怎样的评价?请综合上述材料谈谈。

　　@沙砾于飞:江弱水怎么可以这样粗暴地批评蒋勋先生呢?以蒋先生的学识,怎么可能有硬伤呢?这简直是污蔑,是中伤!

　　@丹尼莎娜:原来蒋勋只是一个不学无术、浪得虚名的人,我以前还追星一般地仰慕他。汗!

答：_____

4. 蒋勋说："美的力量能唤醒心灵，进而改变自己。"请结合生活体验或阅读积累，具体谈谈这句话给你的启示。

答：_____

三、关注环保

（一）关于城市通风系统的主题阅读

【材料一】

为了让徐徐清风能吹进城市，不被高楼大厦组成的"围墙"阻挡在外围，北京市计划构建5条通风廊道，打通相对开阔空旷的区域，形成一套城市通风系统。

改善西北部通风环境的第一条廊道，将从植物园开始，经昆明湖、昆玉河，穿紫竹院公园、动物园，最终抵达玉渊潭和南三环。

改善西部通风环境的第二条廊道，也是从植物园起，经西五环及两侧绿化带一路向南。

改善中心城区通风环境要靠第三条廊道。这条廊道起自太平郊野公园，经东小口森林公园、奥林匹克公园一路向南，顺着中轴线抵达后海、北海、中南海区域，再蓄力向南至天坛公园，到龙潭公园后仍不停歇，还将顺着京沪高速及两侧绿化带继续向城南输送清风。

东部地区，尤其是酒仙桥至CBD区域的通风环境，要靠第四条廊道来改善。这条廊道始于清河郊野公园，先后经过朝来森林公园、太阳宫公园、朝阳公园，然后顺着东北五环的绿地一路抵达东南五环，再沿京沪高速及两侧绿化带南下。

东部地区通风环境的改善，还有第五条廊道的支持。这条廊道主要依托京密高速到东五环及两侧绿化带一线，为东部地区输送新风。

【材料二】

北京位于中纬度西风带，冬季主要刮的是西北风。2015年入冬时，北京地区的雾霾天气频发，主要原因是，来自西北的冷空气较弱，与来自南部的暖湿空气僵持在城市上空，形成静稳天气，不利于污染扩散。北京市城市规划设计研究院规划研究室副主任何永坦言："在污染排放不减、气象条件不变的前提下，单靠通风廊道不能根治雾霾问题。但是可以肯定，通风廊道的形成对改善微气候是有效的，对促进污染物扩散有一定辅助作用。"

【材料三】

目前，国内明确提出建设通风廊道的城市，大多夏季炎热难当。譬如武汉、南京，是多年闻名的火炉城市，福州、杭州则也在近几年跻身新版火炉城市行列。通风廊道的形成将有效缓解这些城市的热岛效应。例如，武汉地处北亚热带季风区，曾被称为一代"炉魁"。按照规划，通风廊道将长江、汉水这一天然通风道与城区打通，而夏季江水水温明显低于气温，将有效地为城市降温。

1. 阅读材料一，说说北京市规划的5条通风廊道主要经过哪几类区域，这些区域的共同特点是什么。

   答：_____

2. 结合材料二和材料三，谈谈你对城市通风廊道作用的认识。

   答：_____

（二）危害人类健康的大气污染

【环保资料】

① 大气污染通常是指由于人类活动或自然过程引起某些物质进入大气中，呈现出足够的浓度，达

到足够的时间,并因此危害人体健康和自然环境的现象。

② 大气污染危害人体健康的途径有三条,即吸入污染空气、表面皮肤接触污染空气和食入含大气污染物的食物。大气污染除可引起呼吸道和肺部疾病外,还可对心血管系统、肝等产生危害,严重的可夺去人的生命。

③ 人类不合理的生产和生活活动,对大气造成的污染极为严重。科学家们发现,至少有一百种大气污染物对环境造成危害,包括许多有毒、有害物质。据统计,全世界每年排放二氧化硫1.5亿多吨、二氧化碳2亿多吨、悬浮颗粒物23亿多吨和氮氧化物6 900多万吨。

(摘自《环境与人类健康》)

利用空气质量指数(简称AQI)可以直观地评价大气环境的质量状况,指导空气污染的控制和管理,指导人们工作、生活。空气质量指数为0~100时,普通人群的健康不受影响。

空气质量指数(AQI)分级表

AQI数值	0~50	51~100	101~150	151~200	201~300	300以上
AQI级别	Ⅰ	Ⅱ	Ⅲ	Ⅳ	Ⅴ	Ⅵ
质量状况	好	良好	轻度污染	中度污染	重度污染	严重污染

(摘自《科学世界》)

【媒体信息】

① 近日,京城再次遭遇昏黄的雾霾天气。空气中的污染物不能及时扩散,浓度迅速上升,东城东四、朝阳奥体中心、海淀万柳等地区的空气质量已达到六级污染。整个城区笼罩在一片灰蒙之中,能见度仅1公里左右。市环保监测中心发布提醒,建议人们在今、明两天减少户外活动,重体力劳动者、老人、儿童以及心肺疾病患者应采取一定的防护措施。

(摘自中国新闻网)

② 尽管中国有巨大商机,但北京等大城市空气污染问题今后如得不到有效治理,终将会让一些外国人望而却步,使社会经济的发展受到影响。在京居住超过10年的新西兰来华员工丹尼夫妇,越来越意识到空气污染对孩子健康的影响,最终决定离开北京。

(摘自百度快照)

③ 英国的汤普森有很多到北京出差的机会,他告诉《环球时报》记者,伦敦能除掉"雾都"的恶名,关键在于公众的自我环保意识,大家共同来维护一个更好的自然环境。如果伦敦的空气污染问题重现,那些排放不达标的企业一定会遭遇强大的舆论压力,会被严惩。而在中国,目前大家还是抱怨的多,尽管政府公布不少政策,但自觉自愿执行的人还是相对太少。

(摘自《环球时报》)

1. 综合上述文本,简要概括主要内容。
   答：_____

2. 阅读上述文本,下列说法正确的一项是 (　　)
   A. 科学家们发现,对环境造成危害的大气污染物有一百种左右。
   B. 北京多次遭遇雾霾,整个城区空气质量已经是重度污染。
   C. 空气质量在Ⅰ~Ⅱ级时,大多数人群可开展正常的户外活动。
   D. 北京等地的雾霾天气使许多外国人望而却步,不敢来华投资兴业。

3. 分析文本中画线句的表达效果。
   答：_____

4. 请就治理大气污染提出一条合理化建议。
   答：_____

(三) 关于植树的主题阅读

【材料一】

习近平义务植树种下6棵树苗
强调发扬前人栽树后人乘凉精神　多种树种好树管好树

刚一下车，习近平就拿起铁锹走向植树地点。正在这里植树的干部群众看到总书记来了，十分兴奋，热烈鼓掌。习近平向大家挥手致意，随后同北京市、国家林业局负责同志以及首都干部群众、志愿者、少先队员一起挥锹铲土、围堰浇水，忙碌起来。

白皮松、油松、银杏、榆叶梅、元宝枫……习近平接连种下6棵树苗。他一边劳动，一边同身旁的少先队员亲切交谈，询问他们的学习、生活情况，叮嘱他们既要努力学习，又要热爱劳动、锻炼身体，希望他们通过参加义务植树，从小养成爱护环境、珍惜自然的意识。

习近平说，_____。十年后，二十年后，你们可以回到这个地方来看看你们亲手栽下的树苗长得怎么样了，这是一件很有意义的事情。

参加劳动的领导同志扶苗培土、拎桶浇水，还不时同身边的干部群众交流加强生态环保、坚持绿色发展的看法。

植树期间，习近平同参加植树的干部群众谈起造林绿化工作。他指出，60年前，毛泽东同志发出了"绿化祖国"的伟大号召；35年前，经邓小平同志提议，全国人大作出了《关于开展全民义务植树运动的决议》。长期以来，在我国各族人民广泛参与、积极行动下，我国森林资源持续增长，成为新世纪以来全球森林资源增长最快的国家。

习近平强调，从党的十八大到十八届五中全会，包括今年通过的"十三五"规划纲要，都强调要加强生态文明建设。现在，生态文明建设已经深入人心。义务植树是全民参与生态文明建设的一项重要活动。不仅要把全民义务植树抓好，生态文明建设各项工作都要抓好，动员全社会参与。

习近平指出，建设绿色家园是人类的共同梦想。我们要着力推进国土绿化，建设美丽中国，还要通过"一带一路"建设等多边合作机制，互助合作开展造林绿化，共同改善环境，积极应对气候变化等全球性生态挑战，为维护全球生态安全作出应有贡献。

(选自《北京晚报》)

【材料二】

据了解，中国的森林资源清查是从20世纪70年代开始的。第7次清查是到2008年底结束；第8次清查到2013年结束，历时5年。下面是两次清查的部分数据。

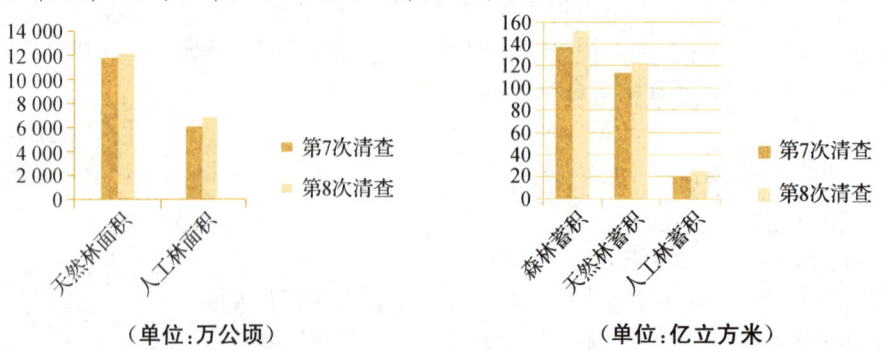

1. 依据材料一这则新闻，以参加本次植树活动的学生身份为学校广播站写一篇新闻稿，请写出恰当的正标题和副标题。

   正标题：_____　　副标题：_____

2. 结合语境，填入材料一横线处最恰当的一项是（　　）
   A. 众人拾柴火焰高　　　　B. 十年树木，百年树人
   C. 百尺竿头，更进一步　　D. 种瓜得瓜，种豆得豆

3. 材料一和材料二说明的内容是_____
_____。

（四）做个环保达人

建设美丽中国,实现"中国梦",成了大家心中共同的梦。为了实现这个梦,我们需要做些什么呢?环保问题是必须要迈过的一道"坎",它不仅关乎我们的身心健康,还引领着我们的幸福指数。让我们做个环保达人吧!

【生活观察】

现在我们庆祝生日,常常会邀请亲朋好友,在饭店摆上一桌生日宴。但一大桌菜,大家放开肚子吃,也才消耗了一半,剩下的都让饭店当废物处理了。这是多大的浪费呀！据调查,我国餐饮业产业规模2011年首次突破2万亿元大关,对社会消费品零售总额增长的贡献率为11.10%。但就是这创造了巨大财富的餐饮业,背后的浪费却让人触目惊心,按最保守的计算,浪费掉的食物也得占餐桌的10%。这样算来,我国2011年餐饮业浪费掉的社会财富达2 000亿元之多。不仅如此,我国还是世界上生产过程浪费最严重的国家之一。例如,我国每年生产一次性筷子约16万吨,其中大部分出口日本。在筷子生产过程中,从圆木到木块再到成品,木材的有效利用率为60%,加工损耗相当严重,每年生产1 000万箱的一次性筷子,大约需要锯掉2 500万棵树。

（摘自《科学大众》2013年第6期）

【媒体声音】

现在的小汽车都是生产线生产的,部件标准质优,因此在报废后,占车身重量75%的材料都可以重复利用:金属外壳可以回炉再造车身,引擎和电器能整修翻新,轮胎也可以翻新。翻新轮胎的行驶里程基本可以达到甚至能够超过新胎的行驶里程,而用于制造新胎面的原材料只相当于新胎的15%左右,售价则可达到新胎的50%～80%。但我国轮胎翻新业发展并不好,2012年,我国有近2/3的轮胎翻新厂倒闭或亏损,行业需求也萎缩了近一半。全国人大代表、软控股份董事长袁仲雪表示,我国废旧轮胎的循环利用问题已经需要上升到生态文明建设的高度来对待,需要尽可能对有限的橡胶资源进行充分利用。

（摘自《中国证券报》2013.3.11）

【图片资料】

（图片一　小事情,大改变）

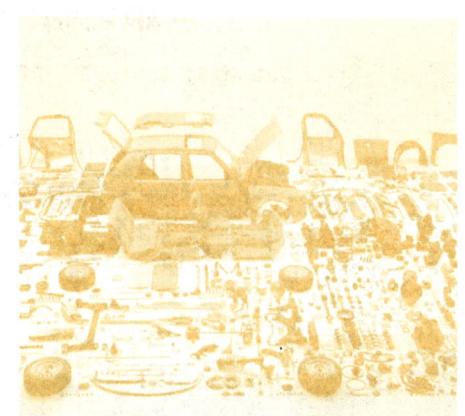

（图片二　废旧汽车,城市矿产）

（图片来自《科学大众》2013年第6期）

1. 怎样做个环保达人？请阅读材料后简要回答。

答：_____

2. 阅读上述材料,下列理解和分析正确的一项是（　　）

A. 我国餐饮业产业规模虽已经突破2万亿元,但对社会消费品零售总额增长贡献不大。

B. 在筷子的生产过程中,从圆木到木块,木材的有效利用率为60%,加工损耗非常严重。

C. 现在的小汽车部件标准质优,因此在报废后,很多材料都可以变废为宝,再次利用。

D. 节约用电,多坐公交车,多爬楼梯,不用电器……事虽小,却是环保方面的大改变。

3. 材料"生活观察"中举了一次性筷子的例子,有什么作用?

答:_____

_____

4. 结合材料"媒体声音"和"图片资料"中的"图片二",谈谈你对"废旧汽车,城市矿产"的理解。

答:_____

_____

四、科海泛舟

(一) XP 退休了

【媒体信息】

据悉,在 2014 年 4 月 8 日之后,微软将不再提供 Windows XP 技术帮助,包括帮助保护电脑的自动更新。微软还将在此日期之后停止为 Windows XP 提供 Microsoft Security Essentials(注:微软开发的免费防病毒软件)下载服务。

根据《2013~2017 年中国互联网行业市场前瞻与投资战略规划分析报告》分析预测,如果用户继续在电脑上使用该操作系统,受到黑客、木马等威胁和攻击,造成信息泄露、系统瘫痪、财产损失的潜在风险将会显著增加,因此用户应尽量在停止服务日之前升级操作系统。

(扬子晚报网互联网频道)

XP 这款电脑操作系统,能被全球广泛应用近 13 年,堪称奇迹。4 月 8 日,Windows XP 操作系统正式"退役"。尽管"人气产品"被下架,但在全球还留下约 5 亿 XP 用户。连日来,世界各地对电脑安全风险的担忧和对美国 IT 巨头的吐槽比比皆是。有俄罗斯媒体称,"微软的决定令用户愤怒,就像公牛看到了一块红布";有韩国媒体质疑,微软的举动与其说是对 XP 的技术支持终结,不如说是 Windows 8 的促销活动;美国媒体则称,"仍在使用 XP 系统的用户好比未接种疫苗的孩子"。

(《环球时报》)

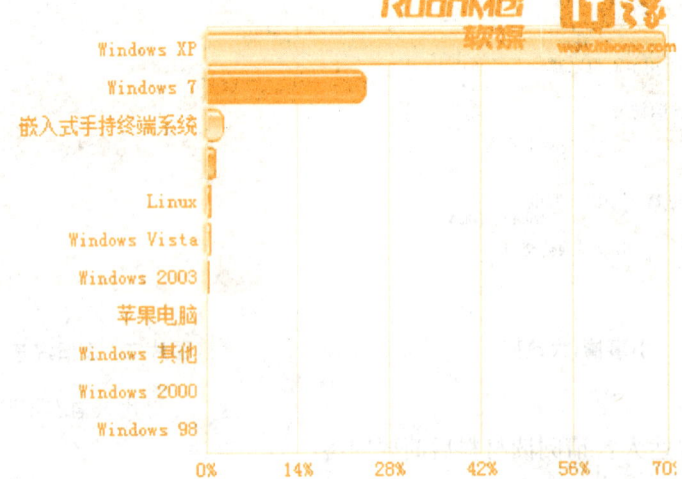

(IT 之家网)

从某些角度来看,Windows XP 似乎足以应对日常的生产力应用,它拥有足够多的应用程序,也能够进行上网等常规操作。不过,从系统界面等方面来说,Windows XP 已经稍显落伍,不能很好地支持多窗口排列,影响工作效率。另外,最新的 Windows 8 系统,还拥有更好的文件扫描机制以及自动维护功能,这些都是系统底层更先进的功能,能够有效提升生产力。

Windows XP 已经问世 12 年,期间也出现了很多新的技术,尤其是 PC 外围设备等。比如,USB 3.0 就是一个典型的例子,XP 已经不能很好地支持,另外还包括无线打印机、蓝牙键盘、4K 显示器等,XP 已经没有合适的驱动程序可以使用了。

Windows XP 严重阻碍了移动互联网、大数据和云时代的全面应用。在平板电脑和智能手机带动移动互联网竞相涌来的时代里,Windows XP 单纯地恪守软件+硬件的技术产品形式,已经发生着与这个时代背道而驰的现象。在各种无线、云端等技术全新喷涌的时代,Windows XP 惯有的模式无力顾及这些全新的技术应用,这是使得整个行业发展受到一定阻碍的最显著地方。

(选自百度百科)

【网友吐槽】

操作系统是最基本的软件,是各种该科技运行的前提保障,而现在,全球性的系统全是美国发明出来的,每个国家都在乐此不疲地运用他们的软件办公时,却不知道危险在向我们步步紧逼,XP 系统不再更新出漏洞补丁,这样的结果导致大部分的国家机构、个人连基本的工作都不能保证,这难道不是其他各国的悲哀吗?

(网友:唯美的画卷)

【专家观点】

至少此事极大引发了对自有核心技术的思考和关注,操作系统和 CPU 等核心技术领域是几代中国 IT 人心中永远的痛,但机遇最终还是要靠中国的 IT 企业自己创造和把握。微软在操作系统底蕴方面的积累依然深厚,在可靠性、兼容性方面微软一直有较好的积累。这些经验值得国内有志于操作系统领域研发的厂商和机构学习、借鉴、思考。

(安天实验室首席技术架构师肖新光)

1. XP 退出后,用户如果继续使用,可能会遭遇哪些风险?
   答:_____

2. 根据上述材料内容,概括 XP 退出的原因有哪些。
   答:_____

3. 阅读"媒体信息",按要求品析下列词句。
   (1) 下面句中加点词能否删去,为什么?

   从某些角度来看,Windows XP 似乎足以应对日常的生产力应用,它拥有足够多的应用程序,也能够进行上网等常规操作。

   答:_____

   (2) 从说明方法角度分析画线语句的表达效果。

4. 结合"网友吐槽""专家观点"的内容,请你说说 XP 的退休对我国在此领域的研究和开发会有哪些启示。
   答:_____

(二)关于"微信"的主题阅读

【微信简介】

微信是腾讯公司推出的一款即时语音通讯软件,用户可以通过手机、平板和网页快速发送语音、视频、图片和文字。微信提供公众平台、朋友圈和消息推送等功能,用户可以通过摇一摇、搜索号码、附近的人、扫二维码方式添加好友和关注微信公众平台,同时微信帮用户将内容分享给好友以及将用户看到的精彩内容分享到微信朋友圈。截至2013年11月,注册用户量已经突破6亿,日均活跃用户超过1亿,是亚洲地区最大用户群体的移动即时通讯软件。

【问卷调查】

2013年,"速途研究院"分析师团队在"问卷星"网站发起了关于微信使用状况的问卷调查,以下是部分调查数据。

(1) 你是否使用过微信?

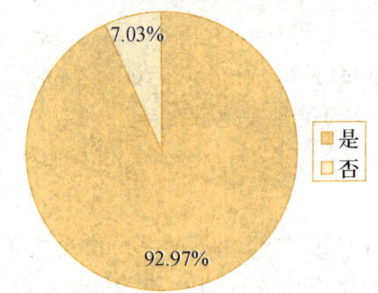

(2) 用户主要使用微信的哪些功能?

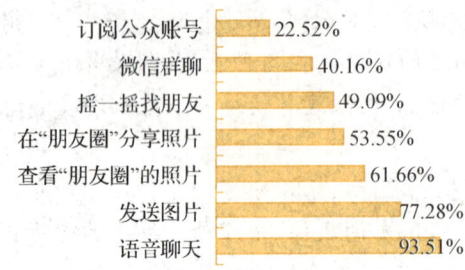

【微信生活】

"微信,是一种生活方式",对这句微信的广告语,人们在7月22日上午经历过微信网络故障之后,有了更深的体会。很多人在数小时的故障期内不停地用手机尝试登陆微信,因为他们发现自己与"小伙伴们"失去了联系;尽管传统通讯方式电话和短信平台全都畅通无阻,但他们似乎更习惯于通过微信"朋友圈"来跟朋友们互通有无。微信已成为风靡网络的交流平台。作为一种更快速的即时通讯工具,微信具有零资费、显示实时输入状态等功能。每天有大量的文字在微信"朋友圈"之间流传,或发布个人生活动态,或交流内心感悟,或转发佳作段子,"奇文共赏之"。

【新增功能】

微信公众平台是腾讯公司在微信的基础上新增的功能模块,通过这一平台,个人和企业都可以打造一个微信的公众号,并实现和特定群体的文字、图片、语音的全方位沟通、互动。微信公众号主要是面向名人、政府、媒体、企业等机构推出的合作推广业务。公众平台在认证之后有二维码订阅、消息推送、品牌传播等特色功能,是企业进行营销推广的有效手段。

【各方声音】

加强微信监管有助于为青少年打造一个更为健康的互联网空间。如果微信中不良信息泛滥、谣言满天飞、暴戾之气横行,无疑会对下一代的成长产生让人难以想象的影响。在不分级、不设防的微信面前,青少年有足够的抵抗力吗?

(《人民网》2013.8)

公安部交管局微信公众平台"公安部交通安全微发布"于2014年3月19日正式上线。目前已开辟"权威发布""你问我答""小马说交通"等栏目,定期向社会发布权威交管资讯、传播交通安全知识,并答复网友咨询,收集群众意见建议。

(公安部交管局微信公众平台)

据统计,从去年12月到今年2月,杭州警方共接到与微信有关的诈骗、盗窃案件近20起。有网友就这样说,"微信微信,只能微微信"。一个个案例提醒人们,微信在给人们带来快乐和便利的同时,也可能给不法分子可乘之机。在使用时如何保护我们的个人信息不被泄露,保障我们的人身安全不被侵害,这是使用者、运营商和相关管理部门都要面对的新课题。

(摘自"焦点访谈")

微信是一种生活,也是一种态度,做人的态度和生活的尺度! （网友 等一个晴天）

微信的出现正是希望人们在孤独或者无助的时候,能得到一份安慰,同时也方便了朋友之间的各种联系,拯救我们那日渐淡漠的友情和亲情!

(网友 逝水无痕)

1. 微信和传统通讯方式比,有什么优点? 请根据上述材料简要概括。
   答:_____

2. "微信生活"中提到"微信已成为风靡网络的交流平台",结合材料,说说"风靡"表现在哪些方面。
   答:_____

3. 如图为微信开启页面,请结合材料探究其设计内涵。

   答:_____

4. "微信来了",有人欣喜,有人担忧,有人淡然。你持怎样的态度? 请结合材料具体说明理由。
   答:_____

(三) 大数据

【材料一】

　　日前,2016 年"数博会"在贵阳召开。此次"数博会"是贵州挂牌成为国家大数据产业综合实验区以来,首次举办的一次大数据交易、数字化产品展示、互联网技术交流的大型盛会。2014 年起,大数据中心、呼叫中心先后落户贵州,伴随贵阳城区无线 WiFi 全覆盖的建成,让贵州从昔日工业时代的追随者,变成大数据时代的同行者,甚至是领跑者。据大数据中心的工作人员介绍,大数据是依托互联网优势,融合数据库资源、与计算技术、物联网技术而研发的大型数据交易中心。大数据存储容量特别大,预计未来全球存储总量将增至 40ZB,即 4 000 万亿亿字节;资源互为关联且覆盖面广;资源实时,更新快,最快可达 1 分钟,甚至几秒、几十秒的更新速度。

【材料二】

　　大数据来了,普通民众的手机多了一张免费的网,而公务员却多了一个"紧箍咒"。一款名为"数据铁笼"的 APP,用大数据的方式将公务员的时间、权力管了起来。贵阳市交管局工作人员孙某某的每一天都有精确到秒的记录。与门禁卡、饭卡、公务消费卡相连接的考勤系统显示他 4 月某一天是这样度过的:早上 8 点 40 分 22 秒到达局大楼,两分钟后坐上电梯。中午 12 点 18 分出现在食堂吃饭,12 点 35 分 59 秒离开,四分钟后回到办公室。下午 3 点 12 分 35 秒,通过公务卡网划一笔 3 561.00 消费款到建行 622*户头,中途还曾遇到钓鱼网站骚扰,还好有反诈骗引擎及时提醒,才无误地完成网上消费交易。17 点 52 分 45 秒才下班回家,途中还接到 400 开头的一条诈骗信息。像"数据铁笼"这样的技术,同样可以运用到专门的反诈骗项目,可以利用大数据针对行骗者常用伎俩进行研究,以技术对技术,让行骗者无处遁形。

【材料三】

　　东方祥云的董事长李胜在 1999 年创办企业时,希望利用数据库对洪水进行预报来摆脱传统洪水预报方式的弊病。然而这条路并不好走,好几次公司都濒临死亡,为了生存,甚至还被迫倒卖过电脑。直到2015年,恰遇到贵州实施大数据战略,东方祥云获得了机遇。东方翔云的数据库借助大数据平台得以收集到全球所有公开的气象卫星遥感数据,各个主要河流的水文数据及各种图片、视频。现在可以将洪涝灾害的预测从20分钟延长到72小时。是大数据技术和水利的结合让东方翔云大数据项目在中国"云上贵州"商业模式大赛中一炮打响,获得最高奖——"云端大奖",并获得500万元扶持资金。

【材料四】

有人对2015年反信息诈骗联盟发布的大数据作了如下统计:

表一:

年龄段	20~29岁	30~39岁	40~49岁	50岁以上
受骗者人群比例	8%	15%	37%	40%
诈骗者人群比例	80%	10%	6%	4%

表二:

年代	90年代	2000年~2009年		2010年~2012年		2013年~2015年	
诈骗手段	传统手段	电信	互联网	电信	互联网	电信	互联网+
	丢包、设圈套	电话+短信	发布中奖信息	电话+短信,虚拟号码400开头	伪基站、钓鱼网站	电话+短信,冒充公检法等	"线上支付"转移,"网购退款"等
所占比例	85%以上	80%	10%	75%	21%	52%	43%

(以上材料来自《南方周末》《人民日报》等,略有改动)

1. 请用简洁的语言概括大数据的特点。
   答:_____

2. 请从表一、表二中归纳出三点有意义的结论。
   答:_____

3. 下列内容陈述正确的一项是 （　　）
   A. "数据铁笼"将公务员关了起来。
   B. 贵阳市依托大数据,实现了无线WiFi全覆盖。
   C. 预计未来大数据的全球存储总量将增至40 ZB。
   D. 东方祥云大数据项目只能将洪灾预测期提前20分钟。

4. 综合上述材料,谈谈如何利用大数据进行反诈骗。
   答:_____

五、时代阅读

(一)关于国民读书的主题阅读

有多少人知道,4月23日是"世界读书日"? 有多少人记得,自己读上一本书是在什么时候? 是什么书名? 有多少人做到,闲暇时能静下心,找本好书看看? 调查表明,我国国民每年人均阅读图书仅4.5本,而韩国11本,法国20本,日本40本。可见,目前我国国民的阅读现状不容乐观。

【材料一】下面是一份对200名初中生课外阅读的调查情况表

阅读内容	人数	百分比
卡通画	112	56%
时文	32	16%
武侠小说	30	15%
文学名著	26	13%

【材料二】

走进书店少儿图书区域，常常可以看见少年儿童正津津有味阅读的情景。可是一些书封面和不少插图赫然印着骷髅头、凶杀的画面，翻开书，可见不少"花前月下"的细节。家长抱怨："现在的作者、出版商也太不负责任了，有些书虽然打着少儿图书的旗号，里面的内容却完全是'少儿不宜'。我们都希望孩子多读书，却不知道该给他们看什么书，更担心他们看些有损身心健康的书。真希望书店能把好关，多进些好书。"这些话道出了不少家长的心声。

（引自互联网）

【材料三】

在今年的全国政协会议上，韬奋基金会理事长聂震宁先生提议开展全民阅读志愿者队伍建设活动。他认为："虽然阅读是个人的事情，可正因为冠以'全民'，便涉及千人万众，注定要成为一项个人志愿参与、社会各方面协同开展的群众性活动。"他有一个构想，希望由中国志愿者协会牵头，在相关部门的支持下，开展全民阅读志愿者队伍建设活动，在全国各地组建全民阅读志愿者队伍，主要吸纳在校大学生以及新闻出版等文化机构青年员工参加。

（摘自《光明日报》）

【材料四】

劝读并非易事，要做好这件事，需要组织者做大量的准备工作，努力探索，不断创新活动方式，激发读者的阅读兴趣。

今年春节期间，义乌各"农家书屋"全天开放，为农民提供文化活动场所。城乡群众也充分利用图书馆、图书室等阵地，自发开展文化节庆活动，浓浓的文化味映衬出张张幸福的笑脸。

阳春三月，四川省南充市涪江路小学举行首届书籍人物装扮日暨"书香中起飞，阳光下成长"读书节开幕式。学生们把自己装扮成书籍中的人物，真正体验这"悦"读的快乐。4月2日，北京5名小学生的手触摸水晶启动球，启动了"2013全国少年儿童阅读年"系列阅读推广活动。系列活动以"科普阅读——开启智慧人生"为主题，通过在少年儿童中广泛开展科普阅读，传播科学知识，弘扬科学精神。

（摘自《义乌商报》《光明日报》）

1. 阅读材料一，请写出你从表中数据得出的一个结论。
   答：_____

2. 阅读材料二，请你分条写出造成低劣少儿读物进入市场的原因。
   答：_____

3. 阅读材料三和材料四，请你用简洁的语言分别概括这两则材料的内容。
   答：_____

4. 文中提到"目前我国国民的阅读现状不容乐观"，请结合以上材料，就"如何改变我国国民的阅读现状"提出你的建议。（至少三点）
   答：_____
   _____
   _____

(二)关于"读书"的主题阅读

【甲】

读史宜映雪,以莹玄鉴①;读子宜伴月,以寄远神;读《山海经》《水经》、丛书、小史,宜倚疏花瘦竹、冷石寒苔,以收无垠之游而约缥缈之论;读忠烈传宜吹笙鼓瑟以扬芳;读奸佞论宜击剑捉酒以销愤;读《骚》宜空山悲号,可以惊壑;读赋宜纵水狂呼可以旋风;读诗词宜歌童按拍②;读神鬼杂灵宜烧烛破幽……大凡读短册,恨其易竭;读累牍,苦于艰竟。读滂沛③而襟拔④,读幽愤而心悲。

(选自吴从先《赏心乐事》,有删减)

【注释】 ① 以莹玄鉴:使照耀玄理的镜子更为光亮。② 按拍:打拍子。③ 滂沛:情感丰富充沛的文章。④ 拔:被撩起。

【乙】

对很多人而言,读书意味着利用别人的头脑来取代自己的头脑。一个真正会读书的人,自己思考出来的东西,比起单纯吸收他人的思想,可以说是利多害少。因为后者的思想是从各种形形色色的精神得来,属于别人。他不能像那些自己思考的人一样,把自己的知识、个性、见解等融为一体。他的脑子里三教九流、百家思想纷然杂陈,混乱不堪。这种思想的过度拥挤,攫夺了一个人的正确观察力,也使人失去主见,并且很可能导致精神秩序的紊乱。这种现象,我们几乎在所有的学者身上都可发现。

以读书终其一生的人,他的知识完全是从书本汲取而得,他们有如阅读了许多山水、游记之类的书籍,对于某地的有关知识虽可粗枝大叶地说出来,但是甲地和乙地有何联系则说不上来。反之,以思考终其一生的人,就像土生土长的父老,一打开话匣子便能把本地事物的来龙去脉及相互间的关系等,如数家珍般地道出来。

(选自叔本华《比读书更重要》,有删改)

【丙】

解放周末:在您看来,手机阅读到底算不算阅读?

许纪霖:首先,我们要分清楚两个概念,一个是知识,一个是资讯。我发现人们通过手机阅读微信、微博,阅读到的大多是资讯,而不是知识。知识是完整的,是整体的,它不是以碎片的方式存在的,它一定有一个体系,以一套整体的系统来解释世界。

解放周末:在当今社会,人们常常以成败论英雄,读书也常被当作通往成功的一条路径。对此您怎么看?

许纪霖:我认为读书完全和成功无关。就像我刚才说的,如果你抱着成功的目的去读书的话,你不是一个真正的读书人。喜爱读书的人未必是一个成功的人,但一定是一个有知识、有品位的人。

读书的最高境界是为了追求智慧。追求成功,只是需要具体的本领,但是读书是为了寻找智慧。智慧不是独立存在的,它就像一把撒在汤里的盐,它是散落在各种知识里的。所以,说"这个人好有智慧"和"这个人好有知识",是两个不同的概念。王元化先生在世的时候,有一次我陪一位台湾的杂志主编去看望他,这位主编见识过很多知名的文化人物,但他临走时感慨地说:"王先生真是一位有智慧的大家。"也许从知识的层面上说,我们的知识可能比王老先生还丰富一些,但是他身上散发的智慧,却是我们一般人所远远不及的。

专家、学者有知识,但只有大师或大家才是真正有智慧的人。哪怕你发明了一种体系,你创造了一门学科,你可能也未必有智慧。智慧是人对宇宙、自然、社会、人生有通透的悟性,能够参透天地,智慧让人变得完善,达到一般人无法企及的高度和深度。所以,读书是为了获得智慧,那是一种远比成功更高的境界。

(选自《解放周末》2015年4月24日)

1. 用"/"给下面句子断句,限一处。

   读 赋 宜 纵 水 狂 呼 可 以 旋 风

2. 解释加点词的意思。

   (1)吹笙鼓瑟以扬芳_____   (2)空山悲号_____

(3) 恨其易竭 _____ (4) 苦于艰觅 _____

3. 用现代汉语翻译下列句子。
   宜倚疏花瘦竹、冷石寒苔
   答：_____

4. 曹同学根据甲文提出了阅读名著的建议，其中不恰当的一项是（　　）
   A. 读《水浒传》宜舞枪弄棒以助兴。
   B. 读《朝花夕拾》宜推窗邀月以回味。
   C. 读《骆驼祥子》宜把酒临风以怡情。
   D. 读《格列佛游记》宜漫游闲步以畅想。

5. 按要求回答问题。
   (1) 如何理解丙文画线句中"撒在汤里的盐"？请用乙文中的语句回答。
      答：_____
   (2) 乙文主要运用了何种论证方法？有何作用？
      答：_____

6. 怎样的读书人才是"真正的读书人"？请结合以上文段概括回答。
   答：_____

（三）选择性阅读

【材料一】

读什么书，取决于为什么读。人之所以读书，无非有三种目的。一是为了实际的用途，例如，因为职业的需要而读专业书籍，因为日常生活的需要而读实用知识。二是为了消遣，用读书来消磨时光，可供选择的有各种无用而有趣的读物。三是为了获得精神上的启迪和享受，如果是出于这个目的，我觉得读人文经典是最佳选择。

人类历史上产生了那样一些著作，它们直接关注和思考人类精神生活的重大问题，因而是人文性质的，同时其影响得到了世代的公认，已成为全人类共同的财富，因而又是经典性质的。我们把这些著作称作人文经典。在人类精神探索的道路上，人文经典构成了一种伟大的传统，任何一个走在这条路上的人都无法忽视其存在。

认真地说，并不是随便读点什么都能算是阅读的。譬如说，我不认为背功课或者读时尚杂志是阅读。真正的阅读必须有灵魂的参与，它是一个人的灵魂在一个借文字符号构筑的精神世界里的漫游，是在这漫游途中的自我发现和自我成长，因而是一种个人化的精神行为。什么样的书最适合于这样的精神漫游呢？当然是经典，只要翻开它们，便会发现里面藏着一个个既独特又完整的精神世界。

（选自周国平《经典和我们》）

【材料二】

2012年我国18～70周岁国民在传统纸媒和电媒上的人均分配时间表

读书时间	读报时间	看电视时间
15.38分	18.91分	98.85分

2012年中美两国国民阅读调查表

调查项目	中国	美国
公共图书馆数量	3 076个	8 951个
人均拥有图书馆数量	个/44万人	个/1.3万人

(续表)

调查项目	中国	美国
人均拥有图书馆藏书量	0.58本	50本
公民拥有图书证比例	7%	62%
人均年阅读量	4.39本	7本
图书畅销类型	教辅、养生、食谱、营销等	小说、科技等

(参考自中国新闻网)

【材料三】

一份调查报告：受访者是30位出身于工人阶层的男子，最后有15人成为大学教授，15人仍在工人阶层。在挑选这30人的时候，研究人员确认他们出身于相似的社会环境，而且家庭创伤也相似（父母酗酒、死亡、离婚等）。

15位教授中，有12位父母给他们读书或讲故事；15位工人中，只有4人有这种经历。

15位教授中，有14人小时候家中有很多图书和印刷品；15位工人中，只有4人家中有书。

15位教授中，13人的母亲与12人的父亲经常阅读书报杂志；15位工人中，只有6人的母亲与4人的父亲经常阅读。

15位教授小时候都受到大人在阅读上的鼓励，15位工人中只有3人受到鼓励。

其中，教授组二号受访者，他是一名社会学学者，7岁时母亲去世，被送进孤儿院，一直到17岁自立成人。他在进入孤儿院时备受煎熬，他"不知道孤儿会发生什么事"。8岁时，这位受访者在孤儿院的图书馆发现了霍雷肖·阿尔杰①的系列故事书。这个发现对他影响深远，因为他突然间了解到，尽管在孤儿院，他仍然可以掌握命运，创造人生。霍雷肖·阿尔杰的书让他看到"一个掌握自己命运的男孩典范"，他可以选择自己的人生。

【注释】 ① 霍雷肖·阿尔杰(1832—1899)，美国儿童文学作家，共创作了100多部作品。他专门撰写贫困男孩发奋图强最终成功的故事，代表作《衣衫褴褛的迪克》。

(选自吉姆·崔利斯《朗读手册》)

【材料四】

加拿大的两位科学家将观看电视的人大脑神经与测试仪器连在一起，得出结论：电视主要是在和我们的身体而不是心智对话。具体来说，人类的心智至少需要半秒钟才能为复杂的刺激提供适当感觉闭合，而电视拒绝给我们这半秒钟。媒体研究专家卢格曼早在20世纪70年代就认为，书籍是与我们左脑交流，电视使我们头脑中理智的部分休眠。因此，对习惯电视画面的孩子来说，阅读印刷媒体是痛苦的，几乎令人无法忍受，它无法适应我们目光跳动的习惯。

(选自许知远《电子时代的阅读》)

1. 根据材料一，周国平将阅读定义为_____。
2. 你从"调查报告"中得出了什么结论？
   答：_____
3. 阅读上述材料，下列说法不正确的一项是（　　）
   A. 阅读各种无用而有趣的读物是为了消遣，在时光的消磨里获得精神的启迪和享受。
   B. 中美两国在图书馆数量、人均阅读量上的差异，可能是两国创新型人才不等的原因。
   C. 从我国图书畅销书类型看，我国国民阅读的取向过于功利，缺少精神追求与享受。
   D. 习惯电视画面可能会不习惯阅读纸质文本，建议控制看电视时间，更多地阅读书籍。
4. 试分析哪些原因可能导致我国国民没有良好的阅读习惯。
   答：_____

5. 读完上述文字,关于阅读,请你给下列对象一些建议。

   如果对父母,你会建议:_____

   如果对老师,你会建议:_____

   如果对政府,你会建议:_____

六、社会广角

(一)关于"孝道"的主题阅读

【材料一】

常回家看看(歌词)

常回家看看/回家看看/哪怕给妈妈刷刷筷子洗洗碗/老人不图儿女为家做多大贡献/一辈子不容易就图个团团圆圆

常回家看看/回家看看/哪怕给爸爸捶捶后背揉揉肩/老人不图儿女为家做多大贡献/一辈子总操心就问个平平安安

【材料二】

通州区政府网报道 据悉,6月下旬以来,刘桥镇"道德讲堂"以"孝道"为主题在各村(居)巡回开讲。催人泪下的亲情故事,引人深思的孝道名言,感人至深的心灵感悟,深似海洋的父母恩德……涤荡人心的情景在群众中反响强烈。目前,该镇"道德讲堂"已开讲10场,参加群众超过2 000余人次。

【材料三】

① 和火星文和网络语言相比,"孝敬"这个词显然有些老套,人们不常挂在嘴上,不少人甚至也没记在心里。以至于新修订的《老年人权益保障法》头一次把儿女们"常回家看看"写进了法案。

② "孝敬"不仅是国家之法,也是个人之律。

③ 孝敬,词典里的解释简单而又浅显:一是孝顺、尊敬长辈;二是把物品献给尊长,表示敬意。拆开字来看,"孝"是老人和儿子紧密相连,老人在上,儿子在下,是一种血脉相承;敬,是矮身抱拳,表达的是谦卑礼让在心,虔诚回报记怀。

④ 先说孝。孝者,善之基石。有道是:"百善孝为先"。一个人对父母不孝顺,对长辈不尊敬,那便如树之没有根须,水之没有泉眼。就算他在别人面前做出一副爱老人、亲孩子、信朋友、帮别人的模样,也不一定是真心自愿的,或者说那也一定是有条件的、有限度的,其动机既让人觉得不可信,也无法赢得人们真正的敬意。

⑤ 再说敬。敬老扶弱,应是人的本能和天性。敬老,需要时刻为老人着想,把老人视为自己眼里和心里的"座上宾",明知道对方不像领导那样位尊,也不像漂亮女子那么貌美,自己一样恭敬迎候,弯腰送别;扶弱,需要随时为弱者助力,给弱者递上自己物质和精神的"拐杖",冬天驱寒,夏天送爽。对待老弱病残,眼里不斜视,心里不轻看,是"敬"的起始;面对庸人俗事,脚下不趋炎,嘴上不附势,则是"敬"的延续。平等相待,才是最质朴的"敬"的姿态。

⑥ 孝为笑。作为后辈,只有孝顺了,老人才会开心;家中尊者心欢了,一家人才会和和乐乐。也只有懂得孝顺的人,才更懂得爱身边的人,让身边的人开心。正因如此,许多恋爱中的男孩女孩,都会把对方是否孝敬父母,作为自己未来幸福生活的"侦察"项目之一。

⑦ 敬为进。敬人者,人也敬他。功利点说,一个人只有得到旁人的敬重和认可,他的事业和人生,才能不断进步,才能锦上添花。君不见,很多地方政府都已经把"孝敬老人"列入干部提拔的考察内容。

⑧ 孝,让自己心安;敬,让自己进步。孝敬,是中国人的善根,也是中国人的宗教。一个不孝不敬的人,心中必定是没有畏惧之心,没有禁忌之念。这样的人,不测和凶险总会尾随着他,从古至今,从来都没有太好的结果。所谓,不孝之人,难有笑的一生。

⑨ 至于怎样孝敬,于丹的回答简单到只有一句,"给父母一个好脸色",连孔子的回答也不复杂——孟懿子问孝,子曰:"无违。"樊迟御,子告之曰:"孟孙问孝于我,我对曰:'无违。'"樊迟曰:"何谓也?"子曰:"生,事之以礼;死,葬之以礼;祭之以礼。"从孔子的回答里,我听出的却是他朴实诠释"无违"

之外的别一番深意:一个人不要因为不孝的作为,而让自己的身体和灵魂无处安放!

(谢胜瑜《孝敬》,选文有删改)

1. 围绕"孝道",三则材料表达的主要内容各是什么?请逐一概括。

   材料一:_____

   材料二:_____

   材料三:_____

2. 指出材料三第④段运用了哪些论证方法,并分析其作用。

   答:_____

3. 比较材料二和材料三画线句主要表达方式及效果的不同。

   答:_____

4. 请结合三则材料内容,并联系自己的生活实际,谈谈如何做一个有孝道的人。

   答:_____

(二)关于"孩子姓什么"的主题阅读

【材料一】

百家姓歌谣

赵钱孙李,周吴郑王。

冯陈诸卫,蒋沈韩杨。

朱秦尤许,何吕施张。

孔曹严华,金魏陶姜。

【材料二】

新浪网报道 北京居民唐友才的妻子赵紫烟6月1日生下一个儿子,全家都非常开心。但给孩子取名时,祖父和外祖父却为姓什么的问题产生了矛盾。相持不下时,语文老师出身的外祖父提出了一个折中的办法:把两家的姓组合起来让孩子姓唐赵,两家皆大欢喜。

据了解,采用两家合姓取名的情况在当今并不少见,大约占独生子女家庭的3‰~5‰。在北京一家银行供职的曹建勇解释说:"我们夫妻都是独生子女,又不愿意再生二胎,为了消除我岳父担心自己家族姓氏湮没在历史长河里的忧虑,我们也取这样新的'复姓'。"

然而一些专家并不认同这种在姓氏上创新的做法,他们认为姓氏具有重要的文化意义,这种做法"经不起时间的考验"。但也有专家表示赞同,认为法律上并没有规定孩子必须随父姓,这种做法只要有利于家庭和谐就可以了。

【材料三】

每个人都有名、姓,姓名是人的代号。名是长辈在孩子出生后给起的,那么姓又从何而来呢?我国一些主要姓氏已经有了4 000多年的历史了。我国历史记载过的姓氏共有5 652个,其中单音姓氏3 484个,双音姓氏共有2 032个,三音姓氏146个,目前的姓氏大约2 800多个。早在上古时代的原始氏族,人就有姓了。当时社会氏族以母系为中心,帝王多以女旁为姓,比如黄帝姓姬,虞舜姓姚等等。随着人口的增多,以后的姓氏也多起来,五花八门各有缘由,大致按如下情况得来:

一是以祖先的族号为姓。夏、殷、周等姓大致如此得来。古代帝王死后,在宗庙的牌位上要写上他们的王位,如周朝有文王、武王等,他们的一些后代就分别姓文、姓武。

二是以国名或地名为姓。古代一些国家的居民以国名为姓,如齐、鲁、晋等;有的是以居住地的地名为姓,如春秋时期齐国公族大夫分别住在城郭四边,就以东郭、西郭、南郭、北郭为姓,诸如东门、南宫、欧阳等姓也如此得来。

三是以官职或职务为姓。古代的官职有司马、司徒、帅、尉等,任这职务的人们的后代便取这些为姓。以职务为姓的也很普遍,如管乐器的姓乐,做买卖的姓商等,还有陶、屠、巫、卜等。

四是以植物为姓。许多人以动植物为姓,如牛、马、龙、熊、柳、柏、花等。

五是以数字为姓。如伍、陆、万等。

在漫长的历史长河中,姓氏也不断演变。如复姓的截音,把公孙截成姓公、姓孙,孟孙截成姓孟、姓孙,有些姓氏是帝王、官员、师父赐给的,以后也就沿用下来。唐太宗李世民曾多次给属臣赐姓,还有些是持姓人自己选取的。现在,孩子也有选取姓氏的自由,子从父姓不是法定的。

(选自《文化时报》)

1. 请根据材料三的内容,对材料一中的姓氏"秦""杨"的来源作简单说明。
   答:_____

2. 请根据材料二的内容,给这则报道加一个标题。(不超过15字)
   答:_____

3. 材料三为说明姓氏的来源,主要采用了什么说明方法?有什么作用?
   答:_____

4. 材料二中独生子女夫妇采用两家合姓取名的做法,你赞同吗?请从文化传承的角度谈谈你的看法。
   答:_____

(三)关于"互联网安全性"的主题阅读

互联网安全吗

如今,人们越来越深地把自己的生活构建在互联网上,我们已离不开网络,但是互联网安全吗?假如世界上所有的互联网都瘫痪了,会发生什么情况?早期的互联网使用者丹尼·希里斯曾忧心忡忡地呼吁人们充分考虑互联网崩溃的可能性和后果,"互联网变化之快让人难以想象,只消一小时,一切都可能变得完全不同"。赞成希里斯意见的人大都对互联网的脆弱性感到焦虑。

互联网远比我们想象得更"健壮"

其实想把整个互联网弄瘫痪并没那么简单,互联网的"结实"程度远比我们想象得要高,这和它本身的结构有关。互联网并不存在一个"总开关"。它的核心设施分布在全球各个国家的重要节点。这些节点包括解析域名的根域名服务器,连接各大洲的海底电缆,还有储存、管理和分发海量信息的超级数据中心,日常的网络服务大部分都是通过这些重要节点来运行的。重要节点之间也不是由一台计算机来指挥运行的。比方说,全球共有13组504台根域名服务器,遍布世界各国。这些服务器又互相支持,并行运转,即使其中一台损坏,互联网也能在其他服务器的支持下继续运转下去。最典型的例子是2002年10月发生的一场黑客攻击,当时瘫痪了13组根域名服务器中的9组,但互联网并未因此彻底瘫痪。在攻击结束之后,网络迅速恢复了正常。事件结束之后,全球各地的根域名服务器迅速加强了免疫措施。和十多年前相比,今天的互联网对黑客来说更难攻破。

这种通过重要节点运转的网络被称作"无尺度网络",它的结构其实和人类大脑或人际关系的结构非常相似。美国印第安纳州圣母大学的一项研究表明:在"无尺度网络"中,除非将重要节点全部删除,否则即便大量地删除节点,网络的性能也不会受到影响。

用物理方法能彻底摧毁互联网吗

还真有可能。攻击计划的第一步是切断互联网通讯的基础海底电缆。这些电缆承担了95%以上的网络传输,没有它们,各大洲会变成信息孤岛,不过,想要阻断全球信息传输,你必须把目前正在使用的285条电缆都斩断才行。下一步,摧毁根域名服务器,如果你能跨越重重安保措施,将这些服务器摧毁的话,就等于给了互联网"致命一击"。最后,你要做的是攻击全球数据中心,首选的打击对象是那些具有一定规模的超级数据中心,它们出故障会导致所属区域大片网络瘫痪。

如果你完成了以上步骤,你已经让全球99%的互联网瘫痪了。不过,鉴于互联网的超强修复能力,上述步骤最好同步完成,也就是说,不消耗规模惊人的人力物力来发动一场全球规模的"战争",是不可能完成这个计划的。如果爆发了这样规模的全球战争,可能在互联网被彻底摧毁之前,人类文明就已经崩溃了。在这种情况下,互联网消失后会怎样显然已经不是人们最担心的问题了。

(选自《百科知识》2015.2,有删改)

链接一:

我们有各种各样应对互联网瘫痪的备用方案,一种可行的方案是改变信息传递结构,网状网络就是这样一种新技术,在这种网络中,每个设备都能利用蓝牙、电信通道等连接邻近的节点,在没有互联网的情况下组成独立的局域网,也可通过其中一个节点与互联网相通,哪怕真的断网,也不必恐慌。因为人类社会本身,就已经是个足以媲美互联网的超级网络。我们通过互联网能够做的事,借助人际网络照样能够完成,只不过速度和效率要差得多了。

(摘自网络,有删改)

链接二:

互联网上的内容会一直存在吗?互联网现有的机制,就是用新信息冲刷旧信息,将"新"的价值放大,"老"的价值弱化。互联网还没有建立"保存有价值的历史资料"的系统,美国的学者悲观地认为,互联网上的"历史资料"会随着网站的关闭和内容的删除而消失,它们称之为"21世纪的数字黑洞"。很多现在看来平常但却具有历史价值的片段,将会随着互联网的变迁而消失得无影无踪。为此,英国数个图书馆联手开展一项历史资料保存计划,将互联网上的内容保存下来。杂志、图书、文学、新闻、评论、学术论文等内容,都会被收集存底,以便供历史研究使用。

(摘自网络,有删改)

链接三:

"绵羊墙"是西方各种黑客大会或安全大会上经常出现的趣味活动。在体验区中,组织者设置了专门的钓鱼WiFi,你的手机如果接入此WiFi,就会被人通过钓鱼页面盗取姓名、手机号码等信息,这些信息会展示在"绵羊墙"上。此举旨在警示手机用户,不要随意登录陌生的WiFi,一旦登录,就可能被轻易盗取资料。因此,除了不断更新技术手段外,提高个人网络安全意识,至关重要。

(摘自网络,有删改)

1. 阅读上述材料,下列说法正确的一项是 ( )
   A. 互联网发展变化速度之快让人难以想象,人们都对互联网的脆弱性感到忧心忡忡。
   B. 互联网的核心设施分布全球各国,网络服务大部分是由超级数据中心独立完成的。
   C. 互联网并非完全坚不可破,使用物理方法切断传输通信海底电缆可彻底摧毁它。
   D. 有人认为互联网的变迁会让很多"历史资料"消失,造成"21世纪的数字黑洞"。

2. 下列对材料中"无尺度网络"的描述,不符合文章内容的一项是 ( )
   A. 支持"无尺度网络"运转的多个重要节点,它们并不是由一台计算机来控制的。
   B. "无尺度网络"和人际关系在结构上类似,这种结构远比我们想象得更"健壮"。
   C. 除非将"无尺度网络"中的重要节点全部删除,否则不会对网络性能产生影响。
   D. 2002年10月黑客攻击的典型事例,是为了充分说明"无尺度网络"极其脆弱。

3. 下列对材料中相关内容的理解和分析,不正确的一项是 ( )
   A. 我们依赖网络,越来越深地把生活构建在互联网上,需要提高个人网络安全意识。
   B. 人们要想用物理方法让互联网彻底瘫痪,在目前看来,只是在理论上具有可行性。

C. "历史资料保存计划"将取代"保存有价值的历史资料"系统,成为各国关注重点。

D. 如果随意地使用手机登录陌生 WiFi,我们的姓名、手机号码等信息将可能被盗取。

4. 请分析下面语句中加点词的表达效果。

这些电缆承担了 95% 以上的网络传输,没有它们,各大洲会变成信息孤岛。

答：_____

_____

5. 请分别概括以上材料中谈及的几个方面的网络安全问题。除此之外,还有什么网络安全问题?你将如何应对?

答：_____

_____

_____

七、聚焦校园

(一)关于"足球进校园"的主题阅读

新学期伊始,国务院就颁布了《中国足球改革发展总体方案》,明确提出了要改革推进校园足球发展。改革春风扑面而来,你准备好了吗?

【国内现状】

我想踢球

"足球进校园"家长意见调查统计

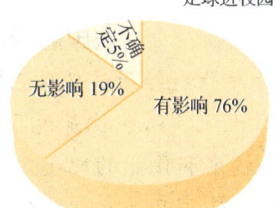

问题1：踢球影响学习吗?

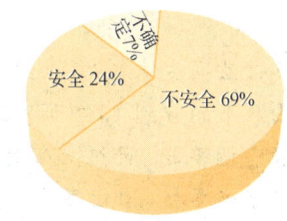

问题2：踢球安全吗?

【专家观点】

作为校园足球的形象大使,前国脚郝海东近日接受了腾讯体育的专访。

腾讯体育：您也是一名父亲,您的孩子也在踢足球,那么现在有很多家长认为孩子踢足球会影响学习。如果要想踢得好,甚至还要放弃学习,作为一名孩子的家长和校园足球推广大使的双重身份,您是怎样看待这一问题的?

郝海东：足球不应该完全脱离学校和家庭,踢足球不会影响学习,反而可以促进学习。踢足球比起其他体育项目更能起到强身健体的作用,学生在绿茵场上不停地高速跑动,弹跳,身体对抗,在运动中锻炼了身体;踢足球还是一种行之有效的缓解学习压力的方法。此外,足球场上分守门员、后卫、中场、前锋等几个位置,相互之间要有默契合作才能最终取得比赛的胜利,因此喜欢踢足球的人一般都有较强的团队合作意识。还有,作为比赛,没有人希望自己的队伍输,因此通过比赛能培养积极向上永不服输的精神。你们可以问问踢球孩子的家长或是老师,他们现在的学习成绩比他们不踢球时反而更好。

腾讯体育：您认为校园足球要在全国推广,还存在哪些问题?

郝海东：校园足球的推广任重而道远,很多中小学都没有像样的足球场地,有的学校人均操场面积只有1平方米,如果人人踢足球,怎么踢? 还有,现在懂足球的体育老师实在太少了,这些都是需要我们下决心去努力改变的。

腾讯体育：前不久，国务院颁布了《中国足球改革发展总体方案》，您认为，会不会在未来的某一段时间涌现出一批我们自己的新的足球人才？

郝海东：一切的一切都取决于是不是我们能够保证有时间、有场地、有专业的人员指导孩子们去踢球。如果是这样的话，我想在10到15年之间会涌现出大量的足球人才。而且还得有这么一个系统的保障，从小学、初中到大学这中间，孩子们根据自己的情况能够自己选择，天赋好的可以进入职业足球联赛，其他的孩子也能够进入大学学习。

（选自"腾讯网"）

【他山之石】

日本的百年规划

1950年，日本足协提出百年足球振兴规划，其中50年的节点要办世界杯，100年的终极目标是夺得世界杯。

20世纪六十年代是日本足球的一个辉煌时期，在东京奥运会上，日本队以3∶2击败阿根廷队，挺进了前八。在墨西哥奥运会上，日本又获得了铜牌。但此后日本足球进入到一个低迷的阶段，由亚洲强队变成了非常弱小的队伍。之后的20多年，日本足球没有任何的起色，在这一阶段几乎无法战胜中国队。之后，日本全面启动职业联赛，并在全国各地的青少年中推广和普及校园足球，把足球课程纳入学校教育。日本中小学的足球课是百分之百普及。比如U12，也就是小学阶段最高水平的比赛，日本全国的队伍有8 000多支，算算参赛人数接近10万。家长们、亲朋好友去观看比赛的热情，和世界杯差不多，还有全国直播，非常有氛围。

2002年韩日世界杯让日本算是完成了50年目标，2011年日本女足赢得世界杯冠军，从某种考核标准来说，百年伟业已经提前完成了。

法国的青训调整

法国足球在20世纪六七十年代也经历过低谷，法国足协开始思考调整青训营。他们将青训年龄由原来的6到13岁调整到了5至12岁，也就是说5岁就可以接受足球训练，一岁之差对于教学内容也有调整，20世纪七八十年代，技术和体能的比重是50%，现在技术的比重占到了80%。1998年法国拿了世界杯，2002年拿了欧洲杯，法国足球重现辉煌。

德国"天才培养计划"

从1990年开始，德国足球逐渐开始走下坡路，1998年法国世界杯1/4决赛遭淘汰，2000年欧洲杯小组赛出局。2000年，德国启动了一项被称为"天才培养计划"的革新行动。整个计划持续了10年，德国足协每年投入8 000万欧元用于青少年足球的发展。经费用途主要分三个方面：一是对校园足球的支持，包括基础设施的建设以及教练员的薪水等；二是足协设立专门的培训机构，让球员从青少年校园足球向职业足球转变；三是建立完善的数据库，对全国各地潜力球员进行资料收集，使"天才球员"能够及时被发现和挖掘。德国经过10年的努力，2010年获得南非世界杯季军，2014年获得巴西世界杯冠军。

（根据有关材料整理）

1. 依据材料，概括我国校园足球发展的现状。

   答：_____

2. 专家认为踢足球对学生有哪些好处？

   答：_____

3. 日本、法国、德国足球发展的共同点是什么？

   答：_____

4. 读完上面的文本,关于发展校园足球,请你给下列对象提一些建议。
   (1) 对家长的建议:_____
   (2) 对学校的建议:_____
   (3) 对政府的建议:_____

(二) 关于"古诗词教学"的主题阅读

【材料一】 古诗词教学受阻原因调查表

原因	课本内容单调枯燥	课堂教学不够生动	学生对古诗词缺少兴趣	学校对古诗词教学不够重视	古诗词内容太难,难以理解	其他
占比	51.16%	54.65%	68.6%	25.58%	32.56%	23.26%

【材料二】 新闻一则

据报道,杭州拱宸桥小学大力推行经典诵读教学,校园内回荡着学生们吟诵国学经典的声音。

每天中午,每当空灵的古典音乐响起,校园里会传来学生诵读国学的琅琅书声,弥漫起国学源远流长的内蕴。每个星期,学生们总有一天要穿着汉服来到学校的"儿童国学馆",像当年的颜回、曾子一样,在老师的教导下,朗诵《弟子规》《诗经》《论语》《大学》等国学经典中的名句。该校已坚持八年传诵国学,让学生从小就积累起深厚的国学底蕴。

(根据搜狐网有关材料改写)

【材料三】

理性看待"国学热"现象

李中华

① 国学有精华,也有糟粕,扬精华弃糟粕,不能含糊。在这个问题上,我们曾经走过许多弯路,有过许多教训。把洗澡水和婴儿一起倒掉,仍是当前"国学热"中的主要倾向,尤其值得注意。有些人并不知道国学为何物,却盲目排斥,谓国学抗拒进步,抗拒科学民主,主张要像"五四"时期那样,把国学统统扫进历史的垃圾堆。这种现象的大量存在,可知国学非热而实冷。

② 另一种值得注意的倾向是"国学热"的虚火。有些人利用人们对国学的热情和判断力不足,甚至在报纸、图书、讲坛、传媒上一哄而起,把国学变成捞取名利的工具,以国学的名义兜售假、冒、伪、劣的文化产品和文化糟粕。这些国学热之虚火,恰为一些人提供了攻讦和否定国学的口实和弹药。虚火不熄,则国学亦不能真热。

③ 检验国学是真热还是虚火,应有两个起码的标志:一是国学教育是否真正走进从小学到大学的课堂,并成为终身教育,从而使国学非热于一时一地,由热转为常态;二是国学是否具有核心价值和文化精神的社会实践,其中包括和谐社会和国家软实力建设,发展模式的创新和国际话语权的确立,全民素质的提高和政治文明的进步,个人道德品质的提升和社会规范的有序等。

④ 国学的内容纷繁复杂,人们阅读国学也应该理性对待。第一,需要有选择。国学著作种类繁多,虽然很多古人杰出智慧的成果,但也存在不合理、不科学的成分,正是这种良莠并存的状况,使得国学阅读尤其要注重甄别,择善而读。第二,阅读国学著作,需要培养慢读与重读的习惯。国学经典不同于网络上速生速朽的文化产品,它是一种智慧的发酵与岁月的沉淀,蕴含着丰富的知识与深刻的哲理,唯有细细咀嚼,才能领悟。一遍不行,便再来一遍,久而久之,才能逐渐进入"温故而知新"的境界。每次重读,都有新得,如此读书,才会收益无穷。最后,也是最重要的一点,阅读国学需要"转识成智","下学上达"。国学究其根本,是滋润人生、净化心灵的学问,使人之所行不悖规律,合乎大道,所以我们阅读国学,应该越过工具理性,到达价值理性,使所学的知识转化为智慧,并成为对人生境界的一种润泽与提升。

(选自《人民日报》,有删改)

1. 阅读材料一,写出你的探究结果。
   答:_____

2. 请用一句话概括材料二的主要内容。(不超过20字)
答：_____

3. 联系上下文，说说材料三中画线句的作用。
答：_____

4. 请结合三则材料，联系生活实际，谈谈学校在推进国学经典阅读方面应采取哪些有效措施。
答：_____
_____

(三) 关于"中小学书法教育"的主题阅读

【话题背景】

教育部《中小学书法教育指导纲要》指出：义务教育阶段书法教育以语文课为主，也可在其他学科课程、地方和校本课程中进行。其中，小学3~6年级每周安排1课时用于毛笔字学习。普通高中可开设书法选修课。

【调查数据】

一项网络调查显示：

71.4%的受访者表示一个人的字代表着一个人的形象气质；

72.5%的受访者曾经有拿字帖练字的经历；

42.5%的受访者认为自己的字拿不出手；

74.7%的受访者认为，即便在互联网时代，写一手好字仍很重要。

(摘自《中国青年报》)

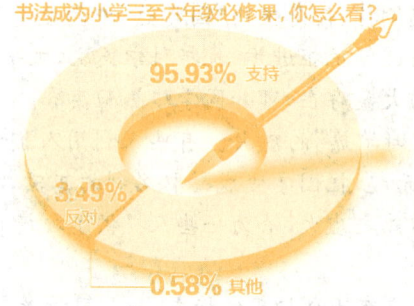

【精选案例】

书法是戴敏的第一项特长。她回忆，小学放暑假，天天待在家里练字，开始也觉得苦，但练着练着就练出感觉了，十分享受这过程。戴敏练书法源于父亲一次不经意的鼓励，后来就渐渐爱上了书法，而老师也通常会在写得好的字上画圈，"每次看到自己字上的圈多了，就会感到很开心"。

对于用依帆来说，少年时代的练字更多的是痛苦的任务，"老师布置的练字作业每次都拖到暑假的最后一个星期"。他认为，互联网时代，真正用笔写字的时候越来越少，"也就剩下在商场刷卡签名时会写写字了，我身边许多人都这么认为"。

(摘自中国教育新闻网)

【各方声音】

网友冰水椰子：我是教语文的，又兼着书法课，常常觉得力不从心。好在一个学期上的书法课不多，期中和期末考试前就偷偷地改上语文课了。

网友吞可吞：很喜欢书法教室和教室走廊陈列的名家作品。很羡慕写得一手好字的同学。但总是只有心动，没有行动。上了初中，作业多了，就更没有时间练字了。

沈尹默(书法家)：世人公认中国书法是最高艺术，就是因为它能显出惊人奇迹，无色而具画图的灿烂，无声而有音乐的和谐，引人欣赏……

郭振有(中国教育学会常务副会长):书写,表达一种感情,与电脑写不是一种状态。如果一切都机械化了,就没有审美,变得贫乏而没有了想象力。

沙如(中国教育学会书法专业委员会副秘书长):初中虽然学习压力加大了,但是练习书法能让我们静下心来,每天有半小时的时间练书法,之后学习效率会更高。

(摘自互联网)

【新闻现场】

本报讯 今天,"传承兰亭——绍兴市区中小学生'兰亭雅集42人展'"在书法圣地兰亭右军祠启幕,这成为今年兰亭书法节的一个亮点。市内许多中小学校积极组织学生前来参观展览。一位带队老师说,他们学校有很多书法爱好者,在征集作品和报名参观的时候,大家都很积极,他们是传承中国书法、传承中华文化的希望和未来。

(摘自《绍兴晚报》,有删改)

1. 下列选项与上述内容不相符的一项是 (　　)
   A. 教育部要求,小学3～6年级每周要安排1课时练习书法,普通高中要开设书法选修课。
   B. 从调查数据可以看出,书法教育进中小学课堂有较好的社会基础。
   C. 有反对者认为,互联网时代,写字的机会越来越少了,也就没有必要学写毛笔字了。
   D. 中国书法是世人公认的最高艺术,它具有审美价值,能丰富人的想象力。

2. 根据以上几则材料,分条概述中小学生学习书法的意义。
   答:_____
   _____

3. 根据以上几则材料,分析中小学书法教育目前存在的不利因素。
   答:_____

4. 就激发学生书法学习兴趣的问题,结合以上材料,给学校提几点建议。
   答:_____
   _____

八、关注健康

(一)关于食品安全的主题阅读

【材料一】漫画《从"吃不起"到"不敢吃"》

【材料二】

4月15日,海陵市召开2016年食品安全工作会议。会议总结回顾去年的工作,分析当前安全形势,研究部署今年食品安全监管和食品安全城市创建工作。市委书记陆东参加会议并作重要讲话。

陆东指出,食品安全事关全市百姓福祉和社会和谐稳定,事关党和政府的形象。全市各级各部门要全面实施食品安全战略,深化监管体系改革,认真落实各项创建任务,深入开展专项整治,坚决打击各种违法行为,确保全市人民群众"舌尖上的安全"。

【材料三】

谁动了我们的食品安全
孔莹莹

① 从2006年苏丹红鸭蛋事件,紧接着2008年的三鹿"三聚氰胺奶粉"事件,再到2010的健康元地沟油事件、2014年作为麦当劳、肯德基、星巴克等餐厅供应商的福喜公司使用过期肉事件,纵观近十年来被曝光的食品安全事件,我们不难发现,食品安全问题一直以来都受到人们的广泛关注,让人遗憾的是,它总是"野火烧不尽,春风吹又生"。

② 究竟是谁动了人民的食品安全?食品安全问题为何一次次被摆上台面,屡禁不止?政府要用怎样的法律法条去约束不良商家,保障人民的基本权益?笔者认为,解决食品安全问题是关乎民生的大事,这一连串问题的发生不是偶然巧合,而是目前我国特殊条件下多方社会经济道德因素共同作用的结果。这就需要从多角度着手,力求从源头上解决食品安全问题。

③ 第一,建立健全举报制度,完善监管体系。充分发挥社会力量,协作职能部门监管食品安全。重点针对一些偏僻的社区和乡村,其因距离远、交通不便等因素,很容易吸引一些无证经营的小作坊扎根,从而留下监管漏洞。

④ 第二,改变饮食观念,普及食品安全新知识。过去,人们常挂在嘴边的一句话就是"人是铁,饭是钢,一顿不吃饿得慌",而如今,人民的饮食观念已逐渐从过去"吃得饱"发展为"吃得好",对于不法商家,我们可以不买三无产品;对于黑心作坊,我们可以选择举报投诉。

⑤ 第三,完善法律法规,做到与时俱进、因地制宜。2015年10月1日,被称为"史上最严"的新的食品安全法颁布。该法提出刑责优先、30倍罚款、增加行政拘留和治安管理处罚等的规定,一定程度上保障了消费者的合法权益。随着社会的高速发展,新的食品安全问题将会被曝光,新的法律法规也应相应地被完善,一些地方政府还可根据当地条件制定相应的政策,因时因地、举一反三,更大幅度地涵盖食品安全的方方面面。

⑥ 食品安全问题,无论上至国家,还是各监管部门,下至企业,都应从"百姓餐桌无小事"的角度着眼,完善政策,加强监管,增强意识。作为普通消费者的我们,不能只是坐等国家相关制度的出台,应该行动起来,自觉加强对食品安全信息的获取,树立科学的饮食观念,对不法商家坚决说不,唯有对食品安全问题"零容忍",才能最大程度地震慑作奸犯科者,彻底保障我们的基本权益。

(有改动)

1. 材料一讽刺了怎样的社会现象?
   答:_____

2. 材料二这则新闻的主要内容是什么?
   答:_____

3. 结合语境,说说材料三第①段画线句的表达效果。
   答:_____

4. 如果本市食品安全专项整治活动现场会即将召开,市长挂帅,请你作为星光中学学生代表,当面向市长提出两项合理化的建议。
   答:_____

(二)"电脑视疲劳",不可小视

长时间使用电脑容易造成眼睛过度疲劳,引发视力及身心问题,包括眼干、头晕、疲倦、恶心等。90%以上的电脑用户有视疲劳综合征。从广义上讲,电脑视疲劳的引发并不局限于电脑,还包含其他电子屏幕,如手机、电视、广告屏幕等。持续的重度视疲劳对身心的伤害很大。

【病例回放】

青光眼曾是老年病,近年来也出现了年轻化趋势。网络工作人员小王今年35岁,最近眼睛干涩发胀,视物不清,经诊断已是青光眼晚期。医生分析这与他的工作和生活习惯有关,他每天面对电脑十几个小时,夜间还经常躺着看手机。

(《长江商报》2013.5.7)

高三毕业生小宇高考结束后每天都要玩十几个小时的电脑游戏。一周后,他觉得眼睛酸、脖子疼、腰疼,甚至头疼,原本高度近视的他看东西更加模糊,一闭眼就不由自主地流泪。经诊断,小宇视网膜裂孔,需进行手术治疗。

("中关村在线"2011.6.13)

"医生,我关着灯上网,突然什么都看不见了,这到底是怎么了?"医生告诉这名患者,她的视力已严重受损。长期关着灯上网,电脑屏幕的辐射会毫不费力地穿透眼表组织,损伤眼的成像功能,导致视网膜收缩、视神经紊乱、血液供应循环障碍等,严重时还会失明。

(《齐鲁晚报》2010.6.16)

【调查统计】

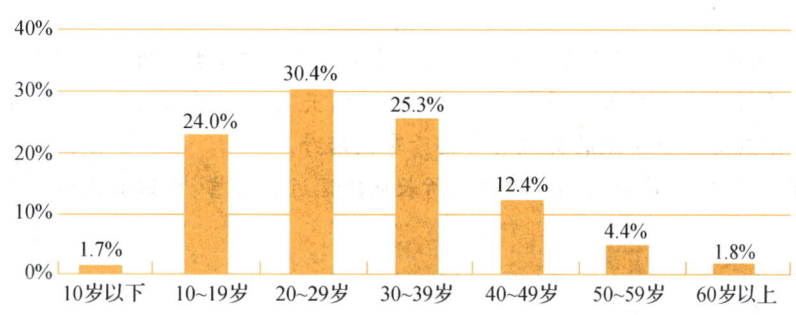

2012年中国网民年龄结构统计图

(数据来源:中国互联网络信息中心)

【专家观点】

胡向明(视疲劳缓解研究专家):中国一年有60万人"过劳死",很多都市白领处于"亚健康"的状态。这一群体的共同点是年龄多在20岁到40岁之间,主要从事脑力劳动,长期面对电脑。过度的视疲劳会直接导致心、脑受损,这是"过劳死"的诱因之一。

(《瞭望》2013年第14期)

袁俊彦(太原爱尔眼科医院):一个人如果每天面对电脑和网络的时间过长,就很容易引发过度视疲劳,患上青光眼。所以每隔一段时间要看看远处。另外,电脑屏幕要干净,屏幕亮度和颜色对比度应调至最舒适的状态,使眼睛不易疲劳。

(《生活晨报》2013.3.6)

魏瑞华(天津医科大学眼科中心):长时间盯着屏幕,眨眼的次数会相对减少,眼球缺乏泪液滋润,会引发角膜、结膜干燥,导致干眼症。长时间侧躺着玩手机,枕头对眼睛的压迫容易造成供血不足,会出现眼胀、视物模糊、重影;距离和角度的不当,也会导致视疲劳,还可能造成双眼屈光度数发展不平衡。

(《今晚报》2012.8.11)

彭晓燕(北京同仁医院):玩电脑一小时后要远眺一会儿,有高度近视的最好查一下眼底,及时发现问题。因为环境对高度近视有一定影响,长期疲劳用眼会使近视加重,而高度近视是视网膜出现裂孔的病理基础之一。

("中关村在线"2011.6.13)

1. 什么是电脑视疲劳综合征?阅读材料后简要回答。

答:_____

_____

2. 阅读上述材料,下列理解和分析不正确的一项是 (　　)

   A. 电脑用户和痴迷电视、手机的人容易得视疲劳综合征。

B. 持续的重度视疲劳对身心的伤害非常大,需要引起我们警惕。

C. 导致中国一年60万人"过劳死"的原因就是过度的视觉疲劳。

D. 长期疲劳用眼会使近视加重,高度近视者更容易出现视网膜裂孔。

3. 请你根据"调查统计"及上述其他材料,写出"青光眼出现年轻化趋势"的两个原因。

答:_____

4. 暑假里,一些同学可能会迷上电脑、手机。应当如何预防电脑视疲劳呢?请根据上述材料,提出四点建议。

答:_____

(三) 关于抗生素滥用的主题阅读

【材料一】

天天6个月时被医院诊断得了咽炎并接受庆大霉素雾化治疗,整个治疗过程中,天天哭得很厉害,但护士却说没事,哭得越厉害吸入效果越好。10个月时,天天出现了异常,被医院诊断为双耳重度感音神经性耳聋,病因就是半岁时做的那次庆大霉素雾化治疗。

中国疾病预防控制中心传染病预防控制所所长徐建国近日直言:中国滥用抗生素情况已到了不容忽视阶段。

【材料二】

中外抗生素使用情况对比表

项目	无处方购买抗生素		住院患者使用抗生素		人年均使用抗生素		使用抗生素致聋占聋哑儿童数		养殖业饲料中添加抗生素	
	中国	加拿大	中国	北欧	中国	美国	中国	发达国家	中国	欧盟
比例	79.4%	0.1%	80%	20%	138克	12.8克	34%	0.9%	46.1%	0

【材料三】

老余:抗生素治病效果好,只要有点头痛发热,我就会自己到药店买一些服用。

花咖:现在的患者真怪,普遍喜好"三素一汤",即抗生素、激素、维生素和打点滴。

慕容:抗生素只能用于辅助治疗,但有些医生由于自身医疗水平和经济利益原因,把抗生素当成了"当家药"。

良心人:尽管国家早就出台了《抗菌药物临床应用指导原则》,但有些药店为了赚钱,只要你买,它就敢卖,完全不管病人服用抗生素后会不会有过敏反应。

青衫浪子:我国抗生素的使用陷入了"需要用,不需要也用;超时、超量使用"的怪圈,长期这样下去,非常危险,它会使人体免疫力下降,病菌产生耐药性。

【材料四】

欧盟自2006年1月起全面禁止在养殖业饲料中添加任何抗生素。

从2008年开始,欧盟将每年的11月18日定为"欧洲抗生素宣传日",旨在宣传抗生素的合理使用。

抗生素在美国被严格界定为处方药,没有执业医师的处方,药店不能向公众出售,否则将承担高额罚款和民事甚至刑事责任。

最近,英国出台新的规定,医生不得给咽喉痛、扁桃体发炎、感冒等患者开具抗生素类药品处方,而应建议其回家休息,否则将受处罚。

1. 滥用抗生素主要有哪些危险?
   答：_____
   _____

2. 写出你从材料二中得出的三条有意义的结论。
   (1) _____
   (2) _____
   (3) _____

3. 下列内容陈述正确的一项是 （　　）
   A. 没有医生的处方在国外买不到抗生素类药物。
   B. 导致儿童聋哑的原因是因为没有合理使用抗生素。
   C. 我国抗生素滥用主要表现在超时、超量、不按需使用。
   D. 欧盟将2008年11月18日定为"欧洲抗生素宣传日"。

4. 结合上述材料，谈谈可以通过哪些方法来解决我国抗生素滥用这一问题。
   答：_____
   _____

参考答案与得分技巧解析

第一部分 单一非连续性文本

第一单元 统计数据表格

1. 【参考答案】(1)青少年的体质状况呈现下降趋势或青少年的体质下降了。

   【得分技巧解析】这道题结合表格中箭头的方向,不难发现体质的变化,在组织答案时要注意完整。

   (2)表层含义是在阳光下(操场上、大自然中、户外);深层含义是指体魄强健、意志坚强、充满活力。

   【得分技巧解析】词语的含义要注意词语的双重义,这里的阳光就有双重含义。

2. 【参考答案】这道题要结合表格的内容概括如下:上等级馆比例不断提高;一级馆的比倒也不断提高;参评馆数量没有明显增加;国家越来越重视基础文化设施(公共图书馆)的建设,但有待提高。(表述符合图表意思即可)

3. 【参考答案】与2014年相比,2015年我国18~70周岁国民数字化阅读方式的接触率有了增长。或:与2014年相比,2015年我国18~70周岁国民手机阅读、网络在线阅读的接触率增长明显,电子阅读器阅读、光盘阅读等阅读方式的接触率均出现不同程度的下降。

4. 【参考答案】运用了列数字、列图表(作比较)的说明方法,准确、直观地说明了2016年我国(中国)国民的人均阅读量远远低于韩国等其他各国。

   【得分技巧解析】本题考查说明文的说明方法及其作用。首先应判断材料用到哪些说明方法,再思考这种方法的表达效果。

5. 【参考答案】随着年龄的增长,关注母亲生日和关注同学生日的学生越来越多,但初中生对母亲生日的关注率远远小于对同学生日的关注率。

   【得分技巧解析】本题组织答案时要注意题干中的"简要的文字",所以答案语言要简洁明了。

第二单元 图表(曲线图、柱状图、饼状图)

1. 【参考答案】①"十二五"期间,我国城市人均公园绿地面积逐年增加;② 从2014年开始,我国城市人均公园绿地面积增长速度加快。

   【得分技巧解析】从题目中的柱状图可看出2011~2015年我国城市人均公园绿地面积"逐年增加",需扣住"逐年增加";而2014、2015年增加速度"更为明显",扣住"速度加快"即可。由此可提取出两条主要信息,注意用词准确。

2. 【参考答案】近几年来,中国纪录片首播时长和总投资都逐年递增,先后推出多部纪录片精品,但与故事片的产量相比还有较大差距(远远低于故事片的产量),纪录片还有相当大的发展空间。

   【得分技巧解析】题中两幅柱状图告诉我们2010~2012年中国纪录片首播时长和投资情况,从中可看出有逐年增长的趋势,结合材料二可知,纪录片虽有较高价值,但由于种种原因,它与电影故事片的产量相比还落后很多,由此可归纳出答案中的主要信息。

3. 【参考答案】(1)学生就餐中存在严重的浪费现象,不过大多数学生认为有必要节约粮食,还有一部分学生认为没有必要或无所谓。(用具体数据说明亦可)。

   【得分技巧解析】本题考查对数据的分析能力,通过数据的不同分析出存在的问题。

   (2)节约社会资源,有助于解决贫困地区的温饱

问题。(意思对即可)

【得分技巧解析】要求阅读材料二后回答。材料二中先指出目前餐饮行业的浪费现象,后提出在一些地区仍然存在缺乏食物的情况,由此分析概括出推行"光盘行动"的积极意义:一是可以解决目前餐饮行业浪费严重的问题;二是可以帮助其他缺乏粮食的地区。

4.【参考答案】(1)现在的家庭教育中还有少部分家长采用训斥或睁一只眼闭一只眼的方法教育孩子。 (2)家长应该采用积极引导的方法教育孩子。

【得分技巧解析】题中柱状图显示大部分家长采用引导法教育孩子,得到孩子的认可;少部分家长采用训斥和不管的方式对待孩子,引起孩子的反感,由此可发现问题并提出相关建议。

5.【参考答案】(1)团队的工作效率开始逐步下降,激励力度进一步提高 (2)在不同的时期,根据团队工作效率的变化,调整激励力度

【得分技巧解析】此题中的图形为曲线图,结合图表下的标注读懂两条曲线的变化规律,再根据题目中前后的提示,就可以归纳出相关信息和启示。

第三单元 图解文字

1.【参考答案】刊物的编辑者要做辛勤的蜜蜂,从文艺百花园中采集智慧的花粉,酿成香甜的蜜,奉献给读者。

【得分技巧解析】本题考查学生解说《读者》徽标含义的能力。《读者》是一本拥有大量读者的刊物,以一只绿色的蜜蜂为徽标,意义何在呢?我们知道,蜜蜂整天忙忙碌碌,采花酿蜜。由此我们不难联想到《读者》的编辑就像蜜蜂那样,从众多的文章中精挑细选,为读者奉献最新、最美的文章。

2.【参考答案】两张笑脸紧贴在一起,体现邻里之间亲密无间、互相尊重、和睦相处;两根飘带营造了邻里节的喜庆气氛。

【得分技巧解析】本题以首届邻里节的一则会徽为考点,观察可见:整个会徽是由两张笑脸及两根飘带构成。

3.【参考答案】(1)分别是土壤尘、燃煤、生物质燃烧、汽车尾气与垃圾焚烧、工业污染和二次无机气溶胶。 (2)改善能源结构,优化企业技术升级。

【得分技巧解析】首先看图,明确该图的构成要素,确定图画内容是人、物还是景。同时扣住文字、数字等内容,再看标题,将标题与图画内容相结合,有助于理解图画的内在含义。在分析理解时,需要结合图画中的文字、数字综合观察,这样细致分析,不难看出相关答案。

4.【参考答案】(1)三个银行徽标在形状上都与秦代的半两钱相似,都是"外圆内方",只是三个徽标的内部稍有变化,如工商银行的徽标,里面设置成"工"字形,切合"工行"之意。如此,本题可解答为:都是外圆内方,沿用了秦半两钱的寓意;中间方形部分都用独特的图案表明该银行的特点。(合理即可) (2)略,言之有理即可。

【得分技巧解析】本题以三个银行的徽标为考点,考查学生探求它们与秦代半两钱的渊源关系以及它们之间所反映出的共同信息。谈见解与理由时要言之有理。

5.【参考答案】示例一:大脑犹如肌肉,锻炼越多收获也越多,当我们的大脑充满活力地思考和运作时,就能获得很多的快乐。 示例二:学习的动力来自质疑、探索和发现的共同驱动。 示例三:善于提出问题,保持好奇心,就能发现生活带给我们的惊喜,就会有学习的动力。

【得分技巧解析】首先,全面解读。从图画的整体上去观察,即这幅图是讲述"学习动力"的内容。其次,细致观察画面本身,包括画面中的一切事物、图案形状及其图案之间的关系,从图画中,可以寻找到"疑惑""好奇""惊叹"环环相扣,有明显共同的交集关系;最后,形成答案,以最佳角度切入回答,同时需注意文字的表达,将语言梳理得既涵盖所有内容,同时又读起来通顺畅快;既体现图画意,又能表达出内在深意。

第四单元 凭证单

1.【参考答案】(1)照相机型号:禄来福来单反照相机 250 型 序列号:30910963 购买日期:1999.10.18 购买价格:$149.08 (2)购买的 10 天以内。 (3)三脚架。 (4)明确(或含

蓄)地表达出想要发展买卖双方的关系;表明商家对你友好的情感;为消费者开创了良好的关系;他们要你再来。 或他们是有教养的;他们很高兴你买了这部照相机;他们让你感到很特别;让消费者知道他们很感激。

【得分技巧解析】(1)仔细阅读购买照相机的收据,就能正确填写照相机型号、序列号、购买日期及购买价格。

(2)仔细阅读保修卡,从保修卡右下角最后两行可知答案。

(3)根据收据,可知还购买了三脚架。

(4)这一题属于反思文本形式方面的问题。只要语句通顺,言之合理即可。

2.【参考答案】(1)您好!办借书证需要凭身份证或户口簿等有效证件,工本费5元。如果您是成年人,需交押金50元,如果您是未成年人,交押金30元,还需带一寸免冠照片一张。

(2)结合借书规则,指出最多只能借两册,不超过押金(说不超过30元也可以);联系作品内容给出建议,介绍角度不限。

【得分技巧解析】(1)"非连续文本"测试材料的类型和来源是从学生的日常生活的角度来考虑的,具有很强的现实生活模拟性。可从材料一中筛选出答案。

(2)"非连续性文本"同样注重提高学生思考和判断能力,鼓励他们提出自己的观点(包括对文本的形式和内容两方面的反思与评价以及建议)。这一题便属于反思文本形式提出建议方面的问题。

3.【参考答案】(1)李某可以速与×××大学招生办公室联系,电话:4001102883。并在6月11日之前办好。

(2)根据"考生须知"第7条:考生进入考场,不得携带任何书刊、报纸、草稿纸、资料、计算器、手机或有储存、编程、查询功能的电子产品等,否则按违纪处理。面试出现未按时报到、陈述内容涉及任何身份信息(如姓名、学校、父母信息)等情况,按违纪处理,取消面试资格。李某在面试时不应涉及到"江苏省如东县如东高级中学"这个学校信息。

【得分技巧解析】(1)本题是为了考查学生在给定的材料中提取信息的能力,只要善于观察,不难找出答案。

(2)本题考查对文本内容的方面的理解能力,从"考生须知"的第7条内容中可以找到答案。

4.【参考答案】(1)收条是收到东西时给对方开的凭条,要写明什么时间收到何人什么东西,数量多少。

(2)不规范。欠条是欠了别人的钱物留下条子作为凭据。一般要将欠的原因略加说明。另缺少"此据"。

【得分技巧解析】这两小题属于非连续文本中凭证单中的条据,这种形式在生活中以及其他学科的学习中也经常遇到。条据写作要求:① 文字要简明,写明事实;② 结尾用"此据"作为结语,以防添加内容;③ 要写明日期,包括年、月、日。

5.【参考答案】不规范。没有描述对方的名称,财务性质特征不具体。正确的应该是:

```
领条
    今领到公共课部发给的美的电风扇壹个。
            此据
                    领用人:李明
                    2016年6月8日
```

【得分技巧解析】条据写作要求:① 文字要简明,写明事实;② 结尾用"此据"作为结语,以防添加内容;③ 要写明日期,包括年、月、日。

第五单元 使用说明书

1.【参考答案】李奶奶,晕车药您在出发前30分钟服用一片即可,可以同食物、水或牛奶同服,以减少对胃的刺激。

【得分技巧解析】此题为非连续性文本中使用说明书的口语交际题,解答时要联系具体的情节,注意说话的对象(李奶奶);语言要得体,表达要简明连贯。此外,需要注意的是,李奶奶患有胃病,要提醒她注意服药时吃点食物或喝点牛奶。

2.【参考答案】D

【得分技巧解析】前三项都是在突发情况下的食欲不振。王智是由于感冒引起的食欲低下;李江则是吃了太多的生冷食品,造成对胃部的刺激;赵强是属于剧烈运动之后引发的胃部不适。

3. 【参考答案】因为本药味甜,有芳香,小孩会喜爱喝;本药用量上有限定,而且还有较多禁忌和副作用。为了避免孩子误喝,给孩子带来伤害,所以要放到儿童不能接触的地方。

【得分技巧解析】此题要考虑两点:① 对象是儿童;② 此产品有哪些不安全因素,才会不能接触。

4. 【参考答案】甲打算重办提货卡,但使用说明第一项明确表示本卡遗失不补,故甲的说法不正确。乙注意到本卡盖章有效,他的卡没有盖章,所以他打算去商场柜台咨询。因为本卡解释权归商场。故乙的说法正确。丙想兑换现金,但根据说明第二项,无法实现。丁打算在国庆节当天提货,可是本卡使用有效时间却是到9月30日,国庆节本卡已过期。

【得分技巧解析】此题其实是信息的筛选与提炼。

第六单元　广　告

1. 【参考答案】①"臻品"和"鼎献"两词纯属生造;"倾城"不是面向全城的意思,用词不当;"荟萃一线品牌精装"表意不明确;②"巅峰"一词违反了《广告法》第七条;③ 整个广告的创意凸显豪华、奢侈,不符合《广告法》要求的精神文明的价值取向;④ 面向领袖阶层,隐含了对弱势群体的歧视。

【得分技巧解析】本题巧妙地将商业广告和病句修改结合起来,答题时既要结合"资料链接"考虑商业广告符合《广告法》的相关条例,又要考虑表述上有无语病,有一定的难度。

2. 【参考答案】示例一:合适。这幅图画由关于书籍的一段文字和一排图书两部分组成,文字部分用比喻的手法形象地表达了阅读书籍的益处,一排书籍包括了各类图书,意在提醒学生广泛涉猎课外图书,拓宽视野,丰富知识。

示例二:不合适。这幅图画的文字部分强调的是创作,一排图书中有不少专业性很强,不太适合学生阅读。

【得分技巧解析】本题要求答题前认真阅读图画,了解图画信息,图画由关于书籍的一段文字和一排图书两部分组成。图书部分又分两类,一类是现阶段适合学生阅读的课外名著,还有一类是专业性很强、目前不太适合学生阅读的书籍。学生认为合适或不合适均可,但理由要充分。

3. 【参考答案】诗画瘦西湖,人文古扬州

【得分技巧解析】本题考查广告的拟写。拟写广告时要看清要求,至少运用一种修辞手法,要介绍出"瘦西湖"的特点。语言要简洁、流畅,富有吸引力。

4. 【参考答案】"品广告"示例:运用拟人的修辞手法,简洁而形象生动地告诉人们要节约用水,珍惜水资源!

"写广告"示例一:普通话是沟通你我他的桥梁。

示例二:推广普通话,靠你靠我靠大家。　示例三:说好普通话,"知音"遍华夏。　示例四:你想方便交流吗?请讲普通话。

【得分技巧解析】本题考查公益广告词的赏析和拟写。在赏析的时候,可从修辞、写作手法、动词的运用等角度入手,分析广告词简洁生动的特点,加深人们的印象。拟写广告词可运用修辞手法,内容上要求简洁生动,便于人们记忆。

第七单元　地　图

1. 【参考答案】示意图显示,"丝绸之路经济带"以中国的西安为起点,路经中亚的哈萨克等,到西亚的伊朗,再到欧洲的俄罗斯、德国、荷兰、意大利,贯穿亚洲和欧洲;"21世纪海上丝绸之路"以中国的海口等城市为起点,路经东南亚的印尼等,到非洲的肯尼亚,再到欧洲的意大利,这可以说明"一带一路"贯穿欧亚非大陆,一头是活跃的东亚经济圈,一头是发达的欧洲经济圈。

【得分技巧解析】首先,我们应该仔细观察材料中的图,包括图的标题:一带一路　横贯欧亚;图例,即实线和虚线分别为"丝绸之路经济带"和"21世纪海上丝绸之路";图中的文字信息。其次,根据图中的信息阅读文字材料,筛选跟图相关的信息:"一带一路"贯穿亚欧非大陆,一头是活跃的东亚经济圈,中间广大腹地国家经济发展潜力巨大。最后,分条进行说明,列举"一带"经过的亚欧国家,再列举"一路"经过的亚非欧国家,最后总结:贯穿亚欧非大陆,一头是活跃的东亚经济圈,中间广大腹地国家经济发展潜力巨大。

2.【参考答案】九(1)至九(3)班从"1号出口"疏散，九(4)至九(6)班从"2号出口"疏散。
【得分技巧解析】首先，仔细观察材料中的图、图的标题、图上的文字、箭头。其次，根据箭头指向及所示班级进行简洁说明。

3.【参考答案】从学校大门进入，经通道至操场，从操场右侧通道至一教学楼，然后沿通道至文化长廊右侧，沿通道到达学术报告厅。（意对即可）
【得分技巧解析】仔细观察材料中的图、图中的文字和布局示意，分清左右方向，选一条便捷的路线即可。

4.【参考答案】亲爱的朋友们，大家好！我带来的是一只即将入海的神龟，它就是我的家乡南通。瞧，由北向南依次是海安、如皋、如东、通州区、港闸区、崇川区、开发区、海门、启东。神龟是长寿的象征，滨江临海的南通至今已有5 000多年的历史，是全球首个"世界长寿之都"，欢迎大家来到我的家乡南通！
【得分技巧解析】仔细观察地图的形状，在了解家乡特色的基础上发挥想象，表述时要注意是口头介绍，所以既要形象，又要得体。

5.【参考答案】(1) 哥，我买了1月18日D3158次汉口到海安的动车票，15:05左右到海安火车站，请你来接我，谢谢！妹妹。 (2) 武汉民居中西合璧，合肥民居中轴对称、黑瓦白墙，海安民居淡妆浓抹、灰砖黑瓦。
【得分技巧解析】(1) 发手机信息要注意称呼和署名，并且说清楚列车班次和到点时间。
(2) 看地图和班次图可以确认小周从武汉的汉口出发，途中必经合肥到海安，合肥是安徽的省会，建筑应多为徽式；再从材料三中找出关于武汉、合肥、海安的民居特色的文字，注意表达简洁，要点明确。

第八单元　漫　画

1.【参考答案】反映的社会现象：有了手机之后，人与人之间的距离很近，但都沉迷于手机中，缺少交流，心的距离很远。
我的看法：我们应该理性地看待这一现象。手机作为一种大众化的通讯工具，使人们的生活更便捷，但是，如果过度依赖手机，不仅有损身体健康，而且会使人与人之间的关系变得冷漠、疏远。
【得分技巧解析】漫画一般是讽刺生活中的某种现象，回答第一问时要仔细观察两幅漫画，看一看画面中的人在做什么、表情怎样，根据这些，可以分析出这两幅漫画讽刺了人们因沉迷于手机，而忽视了交流的现象。回答第二问时，结合漫画中的文字"之前""之后"和"远与近"，分析手机对人们生活的影响，以及应该如何对待手机即可。

2.【参考答案】该漫画将中国民间传说"牛郎织女"进行大胆改编，通过牛郎织女鹊桥相会时，天上的织女竟然不识被雾霾污染得发黑的牛郎和孩子这一悲哀场面，有力地讽刺了大气污染（雾霾）对人们的戕害。
【得分技巧解析】本题的文本材料较多，学生很容易读出关键信息：雾霾对人们生活的危害。观察漫画，可以看出漫画文字的关键词：牛郎、织女。然后从织女的话中，可以看出她对牛郎和孩子的疑惑，分析出都是雾霾惹的祸，让织女认不出牛郎和孩子了，这就是这幅漫画构思的独特之处。

3.【参考答案】滞后
【得分技巧解析】审读画面，观察画面的构成要素。第一幅漫画"国货升级"排第二，"消费升级"排第一；第二幅漫画"牛肉膏""瘦肉精"等跑在前面，"监""管"跑在后面。从这点分析出两幅漫画都有排名前后的共同点，然后用拟题的方法拟一个精练的标题即可。

4.【参考答案】阅读可以让我们站得更高，看得更远，可以丰富我们的知识，开阔我们的视野，让我们成为更优秀的人。
【得分技巧解析】回答此题时要注意漫画中的主要元素，体会漫画的夸张变形。

第九单元　时 间 表

1.【参考答案】李华同学，听说你打算去南京大屠杀纪念馆参观，我要提醒你一下：场馆开放时间是9:00至17:00，周二闭馆；每天有两场免费讲解，上午10:30，下午3:00，有需要可以去听听。
【得分技巧解析】这道题属于口语交际题，首先要有称呼，然后在"友情提醒"的内容中讲清楚"参观须知"里的时间安排及注意事项，同时还要注意语气的委婉,另外还不能忘了字数的限制。

2. 【参考答案】(1) D

【得分技巧解析】从题目"赛前不宜吃太饱,不宜吃难消化类食物",再结合表格内容可知:水果里"香蕉"难消化可排除;脂肪类动物油难消化,那"猪肉、牛肉"可排除;蔬菜类"芋头"难消化可以排除,利用排除法选D。

(2) 小华,肥肉、香蕉不易消化,一直这样吃不利于健康。偏食不是好习惯,容易营养失调,你要合理饮食,均衡营养,这样才更有益健康。

【得分技巧解析】建议题提出的建议要具体可行,从表格内容可知,肥肉、香蕉消化时间长,一直吃这些不易消化的食物,会让胃得不到休息,不利于健康;偏食不是好的饮食习惯,只有合理饮食,均衡营养,才有益健康。

3. 【参考答案】哥,我乘1月20日G1403次杭州东—广州南的高铁回家,14:05到达郴州西站,你来接我好吗?

【得分技巧解析】这道题是要求写短信,也属于口语交际题,首先要有称呼,要有自我介绍;要对方去接自己,就必须在短信中明确火车车次、火车到达的站点、到点时间,只有交代清楚,才能保证接到人;同时还要注意语气的委婉。另外还得注意字数的要求。

4. 【参考答案】玄武湖公园。因为它的赏花时间长,从二月延续到七月;花的品种最丰富,包括梅花、二月兰、樱花、绣球花等。

【得分技巧解析】要评选"南京春夏最佳赏花景点",兼顾两个季节"春夏",那就需要赏花时间长;要"最佳赏花景点",那就需要赏花的品种丰富多样。所以从表格内容来看,玄武湖公园赏花时间长,且品种最丰富,当选的可能性较大。

第二部分 多重非连续性文本

第十单元 同一形式的多重非连续性文本

1. 【参考答案】结论:国外的教育注重培养孩子的自主性,遇到问题懂得面对与处理。建议:国内教育要侧重培养孩子自主处理问题的能力,让孩子学会独立生存。

2. 【参考答案】数字阅读呈现增长的趋势,国民在数字阅读的选择方式上更多样 无论是从国民倾向的阅读方式,还是实际的阅读量来看,仍是纸质图书的阅读超过数字图书的阅读

3. 【参考答案】因为爱给了人们担当的勇气,高尚的职业操守唤起人们的责任感,高远的思想境界给人担当的力量;怯懦使人逃避责任,计较个人得失使人忽视团队利益。

【得分技巧解析】本题考查学生通过分析材料来探究、解决问题的能力。认真分析这三则材料,不难发现,第一则和第三则都是从正面列举事例,而第二则是从反面列举事例。细读材料,可以看出包含其中的"恐惧""压力""高度的事业心""责任感"等关键词,这些词能帮助你打开思路,找到答案。

4. 【参考答案】(1) D (2) 有目的地指导学生大量阅读诗歌经典教材,背诵、涵咏诗歌,以达到提升、净化个体心灵目的

第十一单元 不同形式的多重非连续性文本

1. 【参考答案】(1) 示例:购买等于杀戮,对象牙制品说"不"!

【得分技巧解析】阅读图片,既要读图片,也要注意读文字。这幅图片右下角幼象的语言:"妈妈,我长牙了!""妈妈,你不为我高兴吗?"让人不难联想到人类残杀大象,攫取象牙的残酷现实。再审题目要求,题目中也交代了因为象牙而导致许多大象失去了生命。这样,我们可以围绕"象牙"来构思宣传语。

(2) ① 制定相关的法律法规,对猎杀、交易野生动物的行为依法惩处;② 在社会上多宣传保护野生动物的意义,增强人们保护野生动物的意识;③ 设定野生动物保护区,给野生动物提供良好的生存环境;④ 采用举报有奖措施,增强社会监督。

【得分技巧解析】提建议这一类题目,我们通常从提高人们的思想认识、制定相应的法规、在实践中执行法规这几个方面去构思。材料二的饼状图中,对杀戮野生动物的行为,有13%的人表示"事不关己高高挂起",17%的人会去买相关的纪念品,能挺身而出、坚持斗争的9%还不到,

可见人们的思想认识亟待提高,法规的制定和执行还有很多值得提高的地方。

2. 【参考答案】步履艰难。20年来,是您用满满的关爱温暖了我的童年,也给予了我朝气蓬勃的青春。你看,20年前您身后的那些小树,现在已经枝繁叶茂,浓阴一片。今天,我愿守护在您的轮椅旁,让您拥有晚年的幸福与安康。

【得分技巧解析】材料一的两张图片,展现了奶奶的辛劳付出和孙子以孝心回报关爱的暖暖亲情。材料二的数据表明中国老人孤独的现状,城市中尤其突出,近一半的老人"空巢";而且城市中生活费使用老人完全倒贴给子女。综合分析两则材料,可见老人的一生是对儿女后代无偿付出的一生,我们应该像材料一中的孙子一样,用孝心回报亲人。再审题目要求,原来是"角色扮演",模拟孙子对奶奶说一段话。因此,话语主题是突出自己的孝心,同时说话内容可以提到轮椅、大树等来照应照片中的特定情境。

3. 【参考答案】小红,购买食品要注意卫生健康,有些食品中含有防腐剂、苏丹红等,这些严重影响人体健康,像豆腐、人工饲养的鱼、诱人的蔬菜等。建议你首先要去信誉度高的正规超市买食品,其次在购买食品时可以参考一些如绿色食品、无公害农产品、有机食品等食品安全的标识。这样你就能有效避开食品安全问题了。

【得分技巧解析】关于食品安全,材料一告诉我们有些食品包装上有特定的标识,可以帮助我们了解该食品的安全指数。材料二是一幅漫画,警示人们安全隐患严重的食品类别,以及具体的毒害物质。为此,应该给小红说明了解食品安全性的一般方法,同时提醒小红要注意那些安全隐患严重的食品类型,对特定的食品要有较高的警惕性。

4. 【参考答案】(1) 调查显示,大学生在生活中很少使用"家书"。因为电话、微信、短信、QQ聊天等联系方式显得更为方便,大多数的大学生认为"家书"太慢,邮寄也很麻烦。

【得分技巧解析】该题要求我们关注"家书"的使用情况,观察第一张柱状图,"家书"使用比例3‰还不到,不难得出"家书"使用量很少这个结论。第二张柱状图列出了导致这一现象的几个原因:认为写信太慢占到90%多,认为邮寄麻烦占到80%多,认为方式有点老土占到30%多,题目中要求列出主要原因,那就是认为"写信太慢"和"邮寄麻烦"。

(2) 示例一:我认为家书不会消亡。① 家书,能更好地表达对亲人的思念和牵挂;② 家书兼具家教的功能,长辈通过家书把人生经验、道德修养传授给自己的后代;③ 家书具有收藏价值,可以看出写信时的社会文化背景、民俗风情;④ 书信也承载着中国的传统文化。

示例二:我认为家书会消亡。虽然在日常生活中,家人之间写信越来越少了,但是亲情和友情并没有由此而变淡;通讯更便捷了,联系也更加频繁,亲人之间的关心更多了,我觉得感情仍然跟原来一样。

【得分技巧解析】通过《曾国藩家书》和《傅雷家书》,我们可以了解到家书的一些优点:更能展示浓浓的亲情,是家风传承的载体,能积累保存下来,是中国传统文化的继承等等,如果主张"家书"不应消亡,就结合材料二中"家书"的优势来谈;如果觉得"家书"会消亡,就结合材料一中所提供的数据来谈。

5. 【参考答案】(1) 现代中学生眼睛近视的人数多,中学生中体重超重和过轻的比例较高。

【得分技巧解析】材料一显示随着学习阶段的提高,学生近视的比例越来越高,大学生的近视比例已高达80%以上。材料二饼状图中数据显示青少年健康问题不仅在肥胖方面,而且还体现在体重过轻方面。

(2) ① 学习考试的压力过大,课业负担重,不能科学用眼,导致眼睛视力严重下降;② 忽视体育运动,体育锻炼不能正常、有效地进行;③ 交通日益发达,出行方式的多元化、现代化,也导致了青少年在日常生活中的体力节省化,大大减少了对青少年生长发育的自然运动刺激。

【得分技巧解析】材料三这幅漫画描绘一位学生在灯下凑近书本读书,厚厚的镜片和耳边的写字笔让人联想到100这个数字,漫画标题"成绩100分"揭示了漫画主题,学生为了成绩100分,而不惜挑灯夜战,损伤了眼睛,累坏了身体,可见考试压力之大。材料四表格中的数据对比，中国学生每天锻炼身体的时间和课外体育活动都远远低于日本学生，可见，中国青少年体育锻炼开展不够充分。材料五中的图片截取了北京（也是中国大部分城市）家长接送孩子上学导致交通瘫痪的场景，表明当学生离开了校园，其体力活动的机会也是很少的，生活水平的提高，交通条件的改善，学生出门动辄汽车接送，又大大减少了学生体力活动的机会。

6.【参考答案】(1) 1、2、3、11、12 (2) 这一题有几种截然不同的答案。① 我会选择7～10月出行，因为这段时间是九寨沟最美的时刻，要旅游当然要看最美的风景哦。② 我会选择1、2、3、11、12这几个月去，因为这段时间九寨沟游客少，错开旅游高峰，选择悠闲游，既欣赏到风景，又不至于太劳累。③ 我会选择4、5、6月出行，因为这段时间游客不算多，风景也不错，很适合我。等等。 (3) 魅力九寨沟，冻人更动人；四季九寨沟，季季有风情。等等。 (4) A

【得分技巧解析】曲线图是一种表示数据的统计图，可以直观地反映事物在时间和空间上的变化，以及不同事物之间量的差异。分析和利用曲线，也是科学探究的一种方法。看曲线图与看表格是同样的道理，要先找到参照物。曲线图一般都有数轴线（有的曲线图将数轴隐藏起来）。横轴数轴都会代表不同的类别维度，比如，本题是"反映九寨沟××年客流量季节分布曲线"，横轴代表时间，罗列了各个月份；数轴代表游客量，除了看数轴上的数字，还要关注括号里的量词。看懂数轴，再观察曲线图，就会清楚地知道曲线位高的表示游客多，曲线位低的表示游客少。读懂整个图，再看练习题，就容易回答正确了。

第三部分 混合文本

第十二单元 连续性文本＋非连续性文本

一、社会热点

(一)

1.【参考答案】确定了语文、数学、外语、体育为计分的学科，物理、化学等学科将根据具体情况决定

是否计分。

【得分技巧解析】所给两则材料，主要体现在中考学科的设置方面。2014年的方案突出了语文、数学、外语、物理、化学这些学科，2016年的方案则突出了语文、数学、外语、体育这些学科。这一点应该在答案中体现出来。另外不等于取消物理、化学等学科，而是各地区根据实际情况自主确定，这一点也应该回答，这样答案就完整、全面了。

2.【参考答案】从表一可以看出，中考体育占中考总分的比例基本范围在5%～10%之间。从表二可以看出，在单科分数安排上，体育分数是最低的。虽然中考改革方案将体育上升到了与"语数外"三大主科同等的地位，但体育学科的计分较低，在中考中地位不高。

【得分技巧解析】① 从材料二中可以看到体育学科的地位在物理、化学等学科之上，和"语数外"是同等重要的地位。② 材料三的表一中，中考体育分在中考总分中占比不高，最高的为10%，最低的只有5%。表二中，体育分排在各学科分的最后。可见中考体育的地位实际上并不高。③ 两则材料所显示的体育学科在中考中的地位并不一致，所以在回答时必须两者兼顾，确保答案的完整、全面。

3.【参考答案】这位网友，你好！体育中考是通过强制性压力，促使学生进行体育锻炼，增强学生的身体素质。同时，体育锻炼还能培养勇敢、合作等精神。进行体育训练，要有长远的眼光，持之以恒，不应当只是考试前集中加练，这样你就不会感到负担很重了。

【得分技巧解析】① 材料四列出了沈女士、网友"三妈"、李女士的观点，但她们分析的角度并不相同，注意理清她们所持的理据并加以整合。② 沈女士认为体育锻炼是一项长期的活动，重在平日的坚持，体育考试能"逼"学生重视平时的锻炼；网友"三妈"也认为体育考试有强制的作用，标准不适宜降低；李女士认为体育锻炼能增强学生体质，培养意志品质和团队精神。

(二)

1.【参考答案】① 足球运动具备强大的群众基础，

商业化价值极高;② 足球将在我国体育产业提速发展的过程中扮演重要角色;③ 推动体育产业向纵深发展;④ 足球产业还与环境保护息息相关;⑤ 改革涉及体制问题,将为中国体育产业打开巨大的市场空间。

【得分技巧解析】① 材料一中条分缕析地阐述了足球改革的经济学意义,所以回答本题时应注意抓段落的中心句;② 确定答案的时候注意原文中的句子表述是否完整,是否需要作必要的添改。如第六段中"推动产业向纵深发展"是关键句,但作为答案还不够完整明确,所以就需要作添改,表述为"推动体育产业向纵深发展"就妥当了。

2.【参考答案】让足球进入校园,让广大青少年有接触足球的机会,培养青少年踢足球。同时大力普及足球运动,增加足球人口的比例。这是足球改革、培育足球希望的两个重要措施。

【得分技巧解析】① 这道题综合性比较强,难度比较高。首先要读懂漫画,理解漫画的主题。然后阅读材料一,寻找与漫画主题一致的相关论述。② 漫画中的足球和"改革"二字表明该漫画的谈论话题是"足球改革"。花朵的形状,漫画的题目"培育",两者都含有改革迎来足球明天的希望这一层意思。"青少年""足球人口"作为两个花瓣,寓意改革的两条途径或主要措施。③ 材料一最后一段中总领句"如何有效推进中国足球运动的发展呢",表明该段讨论的是如何进行足球的改革,与漫画主题是一致的。④ 选择张路的有关论点来整理答案。

3.【参考答案】2016江苏省青少年校园足球年度颁奖典礼在南京举行。

【得分技巧解析】材料三是一则新闻报道,报道的文体特点十分鲜明,它通常由标题、导语、主体、结语、背景等组成。给报道拟写标题,可以抓住其导语,找出时间、地点、人物、事件等要素,再进行组合即可。

(三)

1.【参考答案】高考中英语科目将实行社会化考试、一年多次考试,初定为外语一年两考,教育部会先进行试点。

【得分技巧解析】关于高考改革中英语科目的考试方式,材料一中引用了多人的说法,有相同之处,也有不同之处,所以在正确表述时,需要综合大家的说法,力求完整全面,这样才不会误读。教育部长袁贵仁提到了"外语一年多考";朱永新提到了初定的"外语一年两考";周洪宇教授改革将先确定"试点地区";顾明远会长表明"英语将实行社会化考试、一年多次考试","不等于退出高考"。综合考虑大家的说法,英语进行社会化考试、一年多考、只是初定、将进行试点等重要信息需要在答案中完整地体现出来。

2.【参考答案】关于高考取消英语科目,"赞同"意见和"反对"意见比较接近,反对意见稍占上风,可见争论比较激烈。

【得分技巧解析】该题不是单单概括出图表中数据的特点就行,还要做进一步思考,数据背后社会现象的规律是什么。观察数据可见,对于高考取消英语科目,赞同的和反对的没有呈现一边倒的情形,这就表明不同的人有不同的看法,分歧比较大,需要进一步分析。这就是数据背后的含义了。

3.【参考答案】"利":有些人学习英语确实有一定的困难,取消高考英语,人们可以不用在学习英语上花费太多的时间。

"弊":① 不利于中国走向世界;② 丧失了一项最有用的技能;③ 会导致有些贫困学生补习不起英语;④ 对减轻学生的学习负担不起作用。

【得分技巧解析】① 除了理清网友所持的态度是肯定还是否定,更要梳理出其所持的依据;② 材料三中的网友大多反对高考取消英语考试,但他们分析的角度不大相同,要注意概括的完整性;③ 回答时语句要扣住题目的要求,如回答"取消高考英语"的弊端,要说取消高考英语有怎样怎样的问题,而不适宜说学习英语有什么什么好处。

二、文化传承

(一)

1.【参考答案】材料一:学生汉语学习状况堪忧。
材料二:名人谈汉语学习的重要性。

【得分技巧解析】材料一:根据材料大意寻找最恰当的关键词,组成一句明确的话,要关注材料的第一段。材料二:找出四则名言的共同点。

2. **【参考答案】**不能。因为第二段阐述的是"汉语热"与"留学中国热"的原因是经济层面的,第三段阐述的是"汉语热"与"留学中国热"的原因是文化层面的,这是按照由浅入深的逻辑顺序来写的;这样安排也和上文"成为一种融合经济与文化的'全球现象'"相照应。

    【得分技巧解析】回答此题时,首先要明确第二段和第三段的内容分别是什么,再分析两段之间的关系,还要结合上下文看看。

3. **【参考答案】**海外华侨华人新生代因为生在华侨华人家庭,与祖国文化有比其他国家青年更多的接触和熏陶 以对中国文化的理解为依托,在未来中国经济的发展中把握(抢占)先机

    【得分技巧解析】此题是考查词语的语境义。解答此题时要明确词语本来的意思,再结合语境理解在本句中的意思。

4. **【参考答案】**① 要重视汉语学习,能够用汉语正确、流畅、优美地表达;② 汉语是母语,在文化传承中起着重要的作用;③ 学习汉语也是适应时代发展的需要。

    【得分技巧解析】此题考查材料探究的能力,要求谈自己的认识,具有一定的开放性,但又不能脱离材料。针对材料一中很多人不会顺畅运用汉语的现象,认识到要重视汉语的学习,正确表达汉语。针对材料二中的名言,探究可见名人认为学习汉语很重要。材料三通过全球"汉语热"与"留学中国热"的深层次分析,明白学习汉语是适应时代发展的需要。

(二)

1. **【参考答案】**一是说甲骨文是汉字的起源;二是生动地说明甲骨文如一盏灯,开启了中华文明之门。体现了诗歌语言的形象性。

    【得分技巧解析】这一题考查的是词语的表达效果。解答此类题,有两步:第一,解释这个词语的语境义;第二,联系词语所在句子的内容,分析使用这个词后产生了怎样的效果。

2. **【参考答案】**从全诗看"流动",体现了汉字的演变发展过程(表现了汉字文明、文化、历史的传承);"流动"还意味着汉字生命力永无止境。

    【得分技巧解析】这一题考查的是词语的表达效果。解答此类题,有两步:第一,解释这个词语的语境义;第二,联系词语所在句子的内容,分析使用这个词后产生了怎样的效果。

3. **【参考答案】**经过一轮又一轮的角逐,克服了一个又一个困难,战胜了一个又一个强劲的对手。

    【得分技巧解析】此题是考查词语的语境义。解答此题时要明确词语本来的意思,再结合语境理解在本句中的意思。

4. **【参考答案】**结构美是汉字美的底蕴和基础,所以最先介绍。在此基础上介绍汉字的意象美、音律美和动感美,更全面地表现汉字的美学价值。

    【得分技巧解析】此题考查的是文章的结构安排,分析文章部分与部分之间的关系即可。

5. **【参考答案】**说明汉字的意象之美,因为这些字是用线条来描摹事物的。

    【得分技巧解析】回答此题只要将这一例子对照文章汉字的结构、意象、音律、动感之美的阐述就很明了。

6. **【参考答案】**B

    【得分技巧解析】"挺进""劲敌"等词语用得很形象生动。

(三)

1. **【参考答案】**纪念黄帝、防病去灾、祈求富裕、求取子嗣、安和富利、孝敬父母

    【得分技巧解析】此题考查提取有效信息的能力。从"两个传说"中提炼概括出纪念黄帝、去灾,从"三地风俗"中提炼概括出防病、祈求富裕、求取子嗣、安和富利,从"各种礼物"中提炼概括出孝敬父母等。

2. **【参考答案】**A

    【得分技巧解析】根据材料显而易见。

3. **【参考答案】**D

    【得分技巧解析】从两个传说中可见历史上并没有把重阳节作为老年节。

4. **【参考答案】**① 重阳节的很多习俗传达了无病无灾、平安健康的心愿,这样规定是希望老人身体健康;② "九"常有极多、无数之意,而且音同"久",有长长久久之意,选九月初九为老年节是希望老人长寿;③ 我国人口老龄化日趋严重,然青壮年人口呈现负增长趋势,养老面临严重的现实问题,通过设立老年节来引导子女肩负起赡养老人的义务;④ 希望在这个节日里,老人能

与子女相聚,享天伦之乐,少一些孤独寂寞。

【得分技巧解析】此题考查材料探究的能力,要求结合材料探究原因。材料中的无病无灾、希望健康、子女和老人团聚等都和老年人有关。再结合我国人口老龄化严重的事实加以分析。

(四)

1.【参考答案】在文学领域,有许多作品,并获得多项荣誉;在书画方面,多次举办画展,深获各界好评;在美学教育和传播方面,影响巨大。

【得分技巧解析】此题考查提取信息的能力,要求结合材料归纳概括。阅读"艺术人生"部分,归纳出他在文学、书画方面的成就,从"人物写真""人物轶事"部分可归纳出其在美学教育和传播方面的成就。

2.【参考答案】他想要回来做自己,或他认识到每个生命都要找到自己;他想要做社会大众美的教育,或他想要做"美学的布道者"。

【得分技巧解析】结合"个人语录"即可明白他是要回来做自己、找到自己,希望走出去看到的都是美。

3.【参考答案】示例一:我觉得蒋勋先生是一个名副其实的美学布道者。他在各个领域都作出了很大的贡献,尤其在美学教育和传播方面,不遗余力,在两岸掀起了美学热。但"金无足赤,人无完人",出现一些所谓"硬伤"在所难免。我们不应该对这样一个在美学方面"布道"的人过于苛责。 示例二:我觉得蒋勋先生是个有成就的人。在文学、书画、美学等很多领域都很有造诣。但作为美的教育和传播者,出了这些知识性的低级错误,确实不应该。因为这些错误可能会误导听众和读者,也有损他自己在大家心目中的形象。

【得分技巧解析】此题是一道探究性的语言综合题,考查的是思维能力和表达水平。此题在谈自己的看法时务必要联系材料,做到有理有据。先要根据自己对材料的理解亮出自己的态度,然后根据材料陈述理由。

4.【参考答案】示例一:美的力量能唤醒心灵,能唤醒人们对生活的感悟。听一首美妙的乐曲,那一个个音符会点点入心,心中会涌起一些美妙的感受;欣赏一朵小花,悠然于心间,一些细腻的情感就悄然苏醒过来。母亲的一句叮咛,朋友的一次回眸,春天的一声鸟鸣……都会唤醒我,让我感受生活处处都闪烁着美,让我一点点调整自己,去领悟这个世界的丰富与美妙。 示例二:读泰戈尔的诗,我觉得处处布满美点。这些诗句像轻轻的絮语,又像温暖的叮咛,品读之时,我的心中一些不易觉察的美妙的感觉慢慢被唤醒。诗中的车辇、海滩、夏花、秋叶等纷至沓来,点点叩击我的心扉,美的力量是其他任何东西难以替代的,就像泰戈尔的诗无法替代一样。这种阅读,让我的心变得透明、美丽、闪亮、敏感,让我不知不觉在某些方面改变自己。

【得分技巧解析】回答此题时,要审清题干。扣住"美的力量能唤醒心灵,进而改变自己"这句话,从"唤醒心灵"和"改变自己"两方面阐述,注意要结合生活体验或阅读积累。注意语言表达的流畅。

三、关注环保

(一)

1.【参考答案】主要经过公园、湖面(或"水域")、绿地、公路,这些区域的共同特点是相对开阔空旷。

【得分技巧解析】此题主要为信息的筛选与提炼。阅读材料得知,第一条廊道,从植物园开始,经昆明湖、昆玉河,穿紫竹院公园、动物园,最终抵达玉渊潭和南三环。第二条廊道,也是从植物园起,经西五环及两侧绿化带一路向南。第三条廊道起自太平郊野公园,经东小口森林公园、奥林匹克公园一路向南,顺着中轴线抵达后海、北海、中南海区域,再蓄力向南至天坛公园,到龙潭公园后仍不停歇,还将顺着京沪高速及两侧绿化带继续向城南输送清风。第四条廊道始于清河郊野公园,先后经过朝来森林公园、太阳宫公园、朝阳公园,然后顺着东北五环的绿地一路抵达东南五环,再沿京沪高速及两侧绿化带南下。第五条廊道主要依托京密高速到东五环及两侧绿化带一线。通过比较合并相同路径,可以得知,这五条廊道主要经过公园、湖面(或"水域")、绿地、公路。而这些区域都是比较开阔的,所以,这些区域的共同特点是相对开阔空旷。

2.【参考答案】① 通风廊道的形成对改善微气候有效,对促进污染物扩散有一定的辅助作用;② 通风廊道的形成将有效缓解城市的热岛效应(或"有效为城市降温")。

【得分技巧解析】此题主要为信息的筛选与提炼。材料三中北京市城市规划设计研究院规划研究室副主任何永坦言的内容中提及作用之一:"通风廊道的形成对改善微气候是有效的,对促进污染物扩散有一定的辅助作用。"再看材料四,也有明显提示作用的原话:"通风廊道的形成将有效缓解这些城市的热岛效应……有效地为城市降温。"

(二)

1.【参考答案】人类不合理的生产和生活活动造成大气污染,大气污染严重危害自然环境、人类健康和社会经济的发展。

【得分技巧解析】此题主要为信息的提炼与概括。"环保资料"中主要交代了大气污染的定义及其对人类的危害以及造成污染的主要原因,即人类不合理的生产和生活活动。三则媒体信息表明北京的大气污染严重,极大地危害了自然环境、人类健康和社会经济的发展。

2.【参考答案】C

【得分技巧解析】"环保资料"③中提及,科学家们发现,至少有一百种大气污染物对环境造成危害。所以选项A中所说的一百种左右是错误的。"媒体信息"①中所述,京城再次遭遇昏黄的雾霾天气。空气中的污染物不能及时扩散,浓度迅速上升,东城东四、朝阳奥体中心、海淀万柳等地区的空气质量已达到六级污染。对照空气质量指数(AQI)分级表,六级污染为严重污染,所以选项B有误。对照空气质量指数(AQI)分级表,空气质量在Ⅰ～Ⅱ级时,状况良好,大多数人群可开展正常的户外活动。所以,选项C正确。"媒体信息"②中提到:"尽管中国有巨大商机,但北京等大城市空气污染问题今后如得不到有效治理,终将会让一些外国人望而却步,使社会经济的发展受到影响。""终将"一词表明目前并不是许多外国人望而却步,不敢来华投资兴业。故D也不准确。综上所述,正确的选项只能是C。

3.【参考答案】运用对比(比较),鲜明地突出了我国公众的自我环保意识薄弱,希望大家共同维护一个更好的自然环境。

【得分技巧解析】分析表达效果实际就是赏析,要抓准赏析角度,分析内容。画线句主要是写英国汤普森针对北京雾霾现象的严重,分析伦敦如果出现这种情况,一定会严惩排放不达标的企业,而这主要得益于公众的自我环保意识。言下之意就是我国公众的自我环保意识薄弱,两者形成对比。呼吁大家要共同维护一个更好的自然环境。

4.【参考答案】① 提倡绿色出行,减少污染物排放量。 ② 绿化造林,使更多植物吸收污染物,减轻大气污染的程度。

【得分技巧解析】联系生活实际,提出一条举措,言之成理即可。

(三)

1.【参考答案】正标题:习大大和我们一起植树 副标题:不负殷切期望,从小养成珍惜自然的意识。

【得分技巧解析】此题为新闻题中的拟标题题。正标题一般为主谓短语,什么人做什么事。鉴于拟标题的对象是参加本次植树活动的学生,所以需以"我们"为主体对象,且材料的主人公是习近平主席,主要事件是植树,所以正标题是"习大大和我们一起植树"。副标题主要根据中心意思更加具体地拟定。根据材料内容,结合学生身份,植树意在培养学生从小养成爱护环境、珍惜自然的意识。所以,副标题可以拟为"不负殷切期望,从小养成珍惜自然的意识"。

2.【参考答案】B

【得分技巧解析】结合语境,习近平说"十年后,二十年后,你们可以回到这个地方来看看你们亲手栽下的树苗长得怎么样了,这是一件很有意义的事情",也就是说现在的小树苗长成大树需要十年、二十年,甚至更多,由此推断得出答案为B。

3.【参考答案】长期以来,我国各族人民广泛参与、积极行动,森林资源持续增长

【得分技巧解析】材料一主要写习近平主席与学生们一同种树。在植树中,谈及造林绿化工作,讲到长期以来,在我国各族人民广泛参与、积极

行动下,我国森林资源持续增长,成为新世纪以来全球森林资源增长最快的国家。材料二的图示显示通过两次清查对比,我国森林资源持续增长。

(四)

1. 【参考答案】反对浪费,提倡节约;废物回收再利用,节约资源;从小事做起,追求绿色环保。

【得分技巧解析】材料共有三个组成部分。生活观察、媒体声音和图片资料。本题考查综合所有材料信息进行提炼组合,解答时归纳每部分的主要内容即可。"生活观察"中主要指出了我国是世界上生产过程浪费最严重的国家之一,鉴于此,我们需要提倡节约。"媒体声音"中提出"我国废旧轮胎的循环利用问题已经需要上升到生态文明建设的高度来对待,需要尽可能对有限的橡胶资源进行充分利用"。从"图片资料"观察得知,需要从小事做起。

2. 【参考答案】C

【得分技巧解析】此题为阅读信息内容的考查,需要仔细阅读材料。"生活观察"中提到"据调查,我国餐饮业产业规模 2011 年首次突破 2 万亿元大关,对社会消费品零售总额增长的贡献率为 11.10%。但就是这创造了巨大财富的餐饮业……"也就是说餐饮业创造了巨大的财富,而非贡献不大。所以,A 选项有误。B 选项中提及的内容,材料中也有相关文字:"在筷子生产过程中,从圆木到木块再到成品,木材的有效利用率为 60%,加工损耗相当严重。"而选项中缺少了"再到成品"这一内容,所以,B 选项有误。据"媒体声音"材料所述,"现在的小汽车都是生产线生产的,部件标准质优,因此在报废后,占车身重量 75% 的材料都可以重复利用。"所以,C 选项正确。选项 D 表述不准确,不是不用电器,而是用节能型电器。具体可参照图片一。

3. 【参考答案】说明我国还是世界上生产过程中浪费最严重的国家之一,从而使得说明准确具体,让人信服。

【得分技巧解析】此题主要考查举例说明的作用。答题时需关注例子前后的内容。联系材料,可以明确,这里意在说明"我国还是世界上生产过程中浪费最严重的国家之一"。采用举例说明可以使说明内容更加具体充分,更具有说服力。

4. 【参考答案】说明"材料都可以得到重复利用",强调"让资源充分利用,变废为宝"。

【得分技巧解析】"媒体声音"的主要内容是"现在的小汽车都是生产线生产的,部件标准质优,因此在报废后,占车身重量 75% 的材料都可以重复利用"和"图片资料"中的"图片二"。

四、科海泛舟

(一)

1. 【参考答案】① 受到黑客、木马等威胁和攻击;② 造成信息泄露、系统瘫痪、财产损失的潜在风险将会显著增加。

【得分技巧解析】此类非连续性文本题颇有新意,时代感较强。但只要遵循说明文的解题思路,从文本中获取有用信息,答案是显而易见的。本题答案就在"媒体信息"这一部分的第二段。

2. 【参考答案】① 已经稍显落伍,不能有效提高生产力;② 出现了新的技术;③ 在安全方面,它更易受黑客攻击;④ 严重阻碍了移动互联网、大数据和云时代的全面应用。(答出三点即可)

【得分技巧解析】这一题实际上是考查对说明文的概括能力。首先应该看清此问题答案隐含在非连续文本的哪一部分,从题目要求看它应该在"媒体信息"这一部分里,找出三点以上即可,这样通过跳读不难找出答案。

3. 【参考答案】(1) 不能删去。"似乎"是"表面上看来"的意思,文句的侧重点在后一句转折"不过"。如果删去,就说明 XP 系统足以应对日常生产运用,与事实不符,体现了说明文语言的准确性。

(2) 这里运用打比方的方法,生动形象地说明了如果用户继续使用没有技术支持的 XP 系统,受到威胁和攻击的风险显著加大。

【得分技巧解析】本题完全考查掌握说明文语言的能力。说明文语言的准确性这一考点是说明文中经常会遇到的。对于(1)"似乎"这个词先判断一下属于哪类性质的词语,在这里是表示估计的,然后解释该词语,接着结合具体语句进行分析,最后加上套话"如果去掉,就与实际不符,不能体现说明文语言的准确性"。对于(2),先判断是什么说明方法,然后结合具体语句进行分析。

4. 【参考答案】我国相关企业从这个事件中学会思考,要抓住机遇,学习借鉴其经验,拥有相关核心技术,尽快推出国产操作系统才是治本之道,摆脱对它的依赖。

【得分技巧解析】这种题型的特点是开放性强,要求对文中所说明的"XP的退休对我国在此领域的研究和开发"说出几点启示。可以从"网友吐槽""专家观点"中寻找答案,作者有时会在文中提出解决问题的具体措施,也可以根据自己所掌握的与题旨相符的知识回答问题。

(二)

1. 【参考答案】① 微信能快速(或即时或能灵活地)发送语音、视频、图片和文字;② 能通过微信"朋友圈"来跟朋友们互通有无,能和好友分享用户看到的精彩内容;③ 能通过微信公众平台实现和特定群体的全方位沟通、互动;④ 零资费。

【得分技巧解析】此类具有比较性的阅读题生活性、时代性较强,但万变不离其宗,做题时必须从"非连续性文本"中获取有效信息,并对文本的内容与答题要求进行反思。本题四点答案就来自于"微信简介""微信生活""各方声音"材料中。

2. 【参考答案】① 从使用的人数上可以看出微信的流行之广:"截至2013年11月注册用户量已经突破6亿,日均活跃用户超过1亿",图表中显示92.97%的人使用过微信。② 微信的使用率非常高,其重要性甚至超过了传统的交流方式:材料"微信生活"中表述:在微信几小时的故障期中,尽管电话和短信平台全都畅通无阻,但他们更习惯于通过微信"朋友圈"来跟朋友们互通有无,从中可以看出微信成为人们沟通交流的一种重要方式。

【得分技巧解析】本题解题思路就是从说明文角度出发,从"非连续性文本"中获取有用信息。首先应该看清此问题答案隐含在非连续文本中的哪一部分,从题目要求看它应该在"微信简介""问卷调查"两部分材料中,然后根据题目要求"结合材料"组织答案。

3. 【参考答案】人站在地球面向远处眺望,显得如此渺小,包含着微信给了人们一个更为广阔的世界的寓意。如微信中的"朋友圈",可以发布个人生活动态,或交流内心感悟,或转帖,不仅提供丰富的信息,也开阔了人们的视野,促进了人与人的交流,给我们的心灵带来安慰。

【得分技巧解析】"非连续性文本"中的"读图"题因其具有直观性的特点,成为专门考查学生阅读、分析、归纳、表述等各项能力的题型。针对这类题型,答题中应把握五个步骤:第一,认真审题,明确题干要求,理清答题思路;第二,仔细观察,看清图形含义,理顺图形结构;第三,明确主旨,细化图形意思,领悟隐性含义;第四,拓展思维,联系生活实际,揭示时代意义;第五,准确表达,确保语言简明,叙述层次清楚。比如本图形就是由一个大地球和一个小人构成,根据题意要从"微信"这个主题出发考虑,产生答案。

4. 【参考答案】示例一:欣喜。因为微信方便了朋友之间的各种联系,增强日渐淡漠的友情和亲情;微信朋友圈里每天有大量的文字在微信"朋友圈"之间流传,或发布个人生活动态,或交流内心感悟,或转帖佳作段子,"奇文共赏之";公安部交管局微信公众平台的"权威发布""你问我答"等栏目能让我们了解即时信息。

示例二:担忧。带来快乐的同时,它也可能给不法分子可乘之机。与微信有关的诈骗、盗窃案件频发,可见"微信微信,只能微微信"。

示例三:淡然。网友"等一个晴天"说"微信是一种生活,也是一种态度,做人的态度和生活的尺度"。微信虽然拥有许多优点,甚至取代了传统通讯方式,但是毕竟只是一个通讯工具。(结合"微信简介")

【得分技巧解析】这类开放性试题要求从提供的"微信简介""问卷调查""微信生活""新增功能""各方声音"这几则材料中去探究规律。一定认真阅读题干要求,本题中就要抓住"有人欣喜,有人担忧,有人淡然"这三句话进行探究,明确态度后结合一点,挖掘材料中所包含的隐性信息。示例:担忧,带来快乐的同时,它也可能给不法分子可乘之机。与微信有关的诈骗、盗窃案件频发可见"微信微信,只能微微信"。

(三)

1. 【参考答案】① 存储容量特别大；② 资源互为关联且覆盖面广；③ 资源实时，更新快。
【得分技巧解析】此题考查对材料内容的筛选和概括，先从文本中筛选相关语句，再进行概括。

2. 【参考答案】① 在信息诈骗事件中，受骗者人群主要集中在40岁以上；② 诈骗者人群年轻化，多为90后(30岁以下的)；③ 利用互联网等作案的诈骗手段比例大幅上升；④ 利用电信作案的诈骗手段呈下降趋势。
【得分技巧解析】信息是以图表形式出现，要对比横向和纵向的数据，结合题干要求形成答案。

3. 【参考答案】C
【得分技巧解析】选择题应将选项和文本对照，从而选出正确答案。

4. 【参考答案】① 利用大数据汇总信息，研发反诈骗预警引擎，做好事前预防；② 对诈骗号码、行骗者银行账号、钓鱼网址进行标记，提醒民众；③ 对行骗者进行追踪打击。
【得分技巧解析】此题考查对材料内容的筛选和整合，紧扣"利用大数据进行反诈骗"这一角度，从材料中总结概括。

五、时代阅读

(一)

1. 【参考答案】大多数初中生课外喜欢阅读卡通画，而不喜欢阅读文学名著等。
【得分技巧解析】此题考查读表的能力，应明确行与列的项目，比较表格中的数据，得出结论。

2. 【参考答案】作者、出版商不负责任；书店(经销商)审查不严，没有把好关；家长、孩子都缺乏读物选择的指导。
【得分技巧解析】此题考查对材料内容的筛选和概括能力，原因应从不同角度进行概括，概括应全面。

3. 【参考答案】聂震宁先生提出开展全民阅读志愿者队伍建设的构想；各地不断创新读书活动方式，激发读者的阅读兴趣。
【得分技巧解析】此题考查对材料的概括能力。两则都是新闻，应寻找导语，再从导语中提炼关键词进行概括。

4. 【参考答案】① 加强对青少年阅读的引导；② 加强对文化市场的监管，净化文化市场环境；③ 加强组织领导，组建全民阅读志愿者队伍；④ 组织开展丰富多彩的读书活动，不断创新读书的活动方式。
【得分技巧解析】此题题干中要求"结合以上材料"，所以提的建议应在材料中有依据。

(二)

1. 【参考答案】读 赋 宜 纵 水 狂 呼 /可 以 旋 风
【得分技巧解析】此题考查文言文的断句。文言文断句要在大致理解句意的基础上弄清楚句子的成分。"宜"与"可以"表明两层意思。

2. 【参考答案】(1) 敲击，弹奏　(2) 号叫，哭叫　(3) 遗憾　(4) 结束，完成，最终
【得分技巧解析】此题考查对文言词语的理解。解答要回顾所学，联系具体的语境，要注意词语的特殊用法。

3. 【参考答案】适宜(应该)靠着稀疏的花丛，清瘦的竹子，寒冷的石头、苔藓。
【得分技巧解析】此题考查文言文的翻译。解答时要注意原句的句式特点以及句子中的关键词语。

4. 【参考答案】C
【得分技巧解析】此题考查对名著的阅读。要注意不同作品的风格和主题。《骆驼祥子》写旧中国人民的悲惨生活，不能"把酒临风以怡情"。

5. 【参考答案】(1) 把自己的知识、个性、见解等融为一体(答知识、个性、见解也可)。
(2) 对比论证。将"死读书"与"读书注重思考"的人作对比，深入论证了读书注重思考给予人的好处。
【得分技巧解析】此题考查对文章内容和写法的理解。(1) 对比阅读，要注意"汤"和"盐"的比喻义。(2) 考查论证及其作用的分析。

6. 【参考答案】真正的读书人读书时讲究情境，注重思考，追求智慧。
【得分技巧解析】此题考查对文章主旨的理解和概括。解答时要联系两个语段综合分析。

【参考译文】
读史类的书时，适宜在雪光的映照下，以便使照耀玄理的镜子更为光亮；读子类的书时，适宜有月光的陪伴，以便寄托超远的遐想；读《山海

经《水经》、丛书、小史时,适宜靠着疏花瘦竹、冷石寒苔,以便收敛无边际的神游,约束缥缈不定的言论;读忠臣烈士的传记时,适宜吹着笙、弹着瑟,以便宣扬传主的芳名;读论及奸邪佞臣的文章时,适宜击着剑、提着酒壶喝酒,以便消解愤怒;读《离骚》时,适宜在空荡荡的大山中引吭悲歌,可以此使山鬟受到震惊;读赋文时,适宜纵游水浪、狂歌疾呼,可以此旋动风力、形成气势;读诗词时,适宜使歌者打着拍子伴奏;读神鬼灵怪的书时,适宜点着蜡烛,照亮黑暗……大多数的情况是,读短文,因其短而会遗憾它很容易就读完了;读长文时,因其长而苦于难以读完。读情感丰富充沛的文章,就会不由自主地撩起衣襟;读幽愤的文章,就会让人心生悲怆。

(三)

1. 【参考答案】一个人的灵魂在文字构筑的精神世界里自我发现和自我成长的个人化的精神行为

【得分技巧解析】此题考查下定义的说明方法及运用,下定义的格式要正确,要扣住对象的特征。在材料一第三段可以找到"阅读"的特征,然后用下定义的格式组织好答案。

2. 【参考答案】① 阅读成就一个人长大后的命运与发展;② 父母对阅读的重视直接影响孩子的成就。

【得分技巧解析】此题考查信息的提炼和总结。从材料三中15名成为大学教授的成长经历中可分析提炼出"父母给他们读书或讲故事""父母经常阅读书报杂志""大人在阅读上的鼓励""家中有很多图书和印刷品"等重要信息,从而得出结论是"阅读影响""父母引导"和"孩子成就"之间的关系。

3. 【参考答案】A

【得分技巧解析】此题考查的是对文本内容的理解。做题时应将选项内容与文本内容一一比照,从而做出判断。

4. 【参考答案】① 父母自身对阅读的关注与重视;② 看电视时间过长,导致人们无法忍受纸质阅读方式;③ 公共图书馆数量较少,图书馆藏书量不足;④ 阅读内容以实际用途和消遣为主,缺失精神的享受。

【得分技巧解析】此题考查对信息的选择和概括

能力。应从每一则材料中仔细选择出导致国民没有良好阅读习惯的原因。

5. 【参考答案】每天抽出时间,陪孩子一起读书。告诉孩子远离电视,读更多好书。兴建更多的公共图书馆,引导全社会读书。

【得分技巧解析】此题考查运用材料的能力。从三个层面选择相关信息,从而得出建议,做题时还可借鉴第四题的导致国民没有良好阅读习惯的原因。

六、社会广角

(一)

1. 【参考答案】材料一:抒发了对老人、对父母的关爱和对亲情的怀念。

材料二:刘桥镇"道德讲堂"以"孝道"为主题在各村(居)巡回开讲。

材料三:提出了"孝敬"不仅是国家之法,也是个人之律的观点。

【得分技巧解析】此题考查对材料的概括能力。这三则材料由歌词、新闻、议论性文字组合而成。作答时应围绕"孝道"这个主题。歌词是抒情的,概括时弄清抒发了什么情。新闻概括抓导语,对导语稍加提炼即可。议论性文字概括要找论点。

2. 【参考答案】运用了引用论证和比喻论证的方法,形象有力地论证了"孝者,善之基石"的观点(或者形象有力地论证了孝是做人的根本的观点)。

【得分技巧解析】此题考查论证方法及作用。议论文无论采用哪种方法都是为证明有关论点和思想服务的。作答时先准确判断用何种论证方法,再判断证明什么观点。

3. 【参考答案】材料二画线句主要运用说明的表达方式,有力地说明了刘桥镇"道德讲堂"在群众中反响强烈。材料三画线句主要运用议论的表达方式,从反面论述了不孝不敬的恶果,强调了孝敬的重要。

【得分技巧解析】此题考查表达方法及效果。首先要明白五种表达方式是记叙、描写、议论、抒情、说明。再进行判断画线句用了何种表达方式,结合具体材料分析效果。

4. 【参考答案】① 有空的时候可以帮父母做一些力

所能及的家务;② 要从那些亲情故事和孝道名言深切体会父母恩情的伟大;③ 学会微笑面对父母,经常与父母进行沟通、交流,多听从父母的正确意见和指导。

【得分技巧解析】此题为开放题。作答时,应结合材料的具体内容进行分析,比如材料一中"给妈妈刷刷筷子洗洗碗""给爸爸捶捶后背揉揉肩",得出"做一个有孝道的人就是帮助父母做一些力所能及的家务"。

(二)

1.【参考答案】"秦"是根据古代一些国家的国名为姓;"杨"是以植物为姓。

【得分技巧解析】此题考查对材料的运用能力。作答时结合材料做出判断即可。

2.【参考答案】合姓取名引起专家关注(合姓取名引发大家关注)

【得分技巧解析】此题考查对信息的概括能力。给新闻拟写标题应抓导语,导语是新闻开头的第一段或第一句话,它一般扼要地揭示新闻的核心内容。对导语稍加提炼即可。答题时还要看清字数的要求。

3.【参考答案】分类别。采用分类别的说明方法,条理清晰地说明了姓氏的来源。

【得分技巧解析】此题考查对说明方法及其作用的把握。作答时,首先要知道说明方法的种类,然后再进行分析。

4.【参考答案】不设统一答案。观点明确,言之成理即可。

【得分技巧解析】此题考查议论的能力。作答时应从文化传承的角度结合材料谈看法。

(三)

1.【参考答案】D

【得分技巧解析】此题考查的是对文本内容的理解。做题时应将选项内容与文本内容一一比照,从而做出判断。A项绝对化,早期的互联网使用者丹尼·希里斯曾对互联网崩溃的可能性感到忧心忡忡,赞成希里斯意见的人大都对互联网的脆弱性感到焦虑。B项日常的网络服务大部分都是通过这些重要节点来运行的,这些节点包括解析域名的根域名服务器,连接各大洲的海底电缆,还有储存、管理和分发海量信息

的超级数据中心。C项原文为"通讯电缆"而非"通信电缆",想要摧毁互联网,需要把目前正在使用的285条电缆都斩断、摧毁根域名服务器、攻击全球数据中心,鉴于互联网的超强修复能力,上述步骤最好同步完成,由此可见,不消耗规模惊人的人力物力来发动一场全球规模的"战争",是不可能完成这个计划的。

2.【参考答案】D

【得分技巧解析】此题考查的是对文本内容的理解。做题时应将选项内容与文本内容一一比照,从而做出判断。D与原文意思相反,原文中举此例子是为了说明"即使其中一台损坏,互联网也能在其他服务器的支持下继续运转下去"。在受到黑客攻击结束之后,网络迅速恢复了正常。与"无尺度网络"及其脆弱表述不符。

3.【参考答案】C

【得分技巧解析】此题考查的是对文本内容的分析和判断能力。做题时应将选项内容与文本内容一一比照,从而做出判断。从互联网还没有建立"保存有价值的历史资料"的系统,判断出C错。

4.【参考答案】"孤岛"原指与世隔绝的岛屿,文中指没有了承担网络传输任务的电缆,各大洲将面临着信息封锁、沟通脱节的状态。运用了夸张的修辞手法,突出了电缆在互联网通讯的过程中具有基础性的作用,强调了其对信息传递和网络传输的重要性。

【得分技巧解析】此题考查对词语的运用及其作用。一般先解释"孤岛"一词的本义;再说说在文中"孤岛"的含义;如有修辞,要指出并说出其表达效果。

5.【参考答案】安全问题:① 具有历史价值的片段,将会随着互联网的变迁而消失得无影无踪;② 登录陌生WiFi,个人信息的安全隐患问题突出,极易被黑客盗取。 其余网络安全问题:① 联网信息发布过程中虚假欺骗行为;② 重要的数据、资料信息外泄应对措施;③ 提高自我保护意识,及时进行系统修复;④ 加强对网络安全评估系统的监管,对出现的漏洞进行及时修补。

【得分技巧解析】本题考查对信息的提取与概括的能力。需要回归原文筛选重要信息,并用简

洁的语言概括,其他两问属开放题,需要学生根据文章观点、实际生活提出问题及相应的建议。

七、聚焦校园

(一)

1. 【参考答案】学校只注重应试教育,不给学生踢足球的时间;大多数家长认为踢足球影响孩子学习,同时也不安全,不太支持孩子踢足球。
   【得分技巧解析】此题考查阅读漫画的能力和对材料内容的筛选和概括,涉及不同的材料,完成时应从学校、家庭两方面进行概括。

2. 【参考答案】踢足球能强身健体,缓解学习压力,培养团队合作意识,培养积极向上、永不服输的精神。
   【得分技巧解析】此题考查对材料内容的提取能力。从专家郝海东的话里寻找答案。

3. 【参考答案】在足球方面都非常重视对青少年的培养,而且都取得了好成绩。
   【得分技巧解析】此题考查对材料内容的筛选和整合能力。首先从材料中筛选出日本、法国、德国足球发展的原因,然后得出共同点。

4. 【参考答案】对家长:改变错误观念,支持孩子踢足球。 对学校:切实搞好素质教育,让体育教师多参加足球培训。 对政府:增加投入,建更多足球场,让喜欢足球的学生能有更多出路。
   【得分技巧解析】此题有一定开放性,但答题还需依靠文本,筛选信息。

(二)

1. 【参考答案】学校古诗词教学受阻的主要原因是学生对古诗词缺少兴趣和课堂教学不够生动,课本内容单调枯燥。
   【得分技巧解析】此题属于非连续性文本中的统计表格,统计表一般由四部分组成,即表头、行标题、列标题和数字资料,此外,必要时可以在统计表的下方加上表外附加。表头一般放在表的上方,它所说明的是统计表的主要内容,行标题和列标题通常安排在统计表的第1列和第1行,它所表示的主要是所研究问题的类别名称和变量名称,解答表格类非连续性文本,一要看表头,明确表格主题,确定答题方向;二要看标题,横看"行标题",竖看"列标题",明确比较内容;三要数据比较看,横着比较看,竖着比较看,横竖结合比较看,得出比较结论。

2. 【参考答案】杭州拱宸桥小学大力推行经典诵读教学。
   【得分技巧解析】此题考查对信息的概括能力。概括新闻主要内容应抓导语,导语是新闻开头的第一段或第一句话,它一般扼要地揭示新闻的核心内容。对导语稍加提炼即可。答题时还要看清字数的要求。

3. 【参考答案】运用对比论证的方法,将国学经典与网络文化进行对比,突出了国学经典丰富的知识与深刻的哲理,从而有力论证了"阅读国学著作,需要培养慢读与重读的习惯"的观点。
   【得分技巧解析】此题考查论证方法及作用。考生掌握了常见的论证方法,就不难判断画线句运用的是对比论证的方法。对于论证方法的作用,则要结合上下文,从论点与论据关系的角度作答。

4. 【参考答案】采取生动活泼的形式,调动学生阅读国学经典的兴趣;指导学生采用恰当的方法阅读国学经典。
   【得分技巧解析】此题考查运用材料解决现实问题的能力。应结合材料谈措施。思路清晰,语言畅达。

(三)

1. 【参考答案】A
   【得分技巧解析】此题考查的是对文本内容的理解。做题时应将选项内容与文本内容一一比照,从而做出判断。材料中"普通高中可开设书法选修课"用的"可"与A选项中"要"是不相符的。

2. 【参考答案】① 提升一个人的形象气质;② 使人静心,缓解压力,提升学习效率;③ 发展特长,培养自信;④ 传承书法艺术,传承中华文化。
   【得分技巧解析】此题考查对信息的选择和概括能力。围绕"中小学生学习书法的意义"逐个选取材料,进行概括。

3. 【参考答案】① 书法实用性不强,许多人对学书法缺乏积极性;② 学校缺乏专业的书法教师;③ 中小学生学习压力大,书法学习时间无法保证。
   【得分技巧解析】此题考查对信息的选择和概括

113

能力。围绕"中小学书法教育目前存在的不利因素"逐个选取材料,进行概括。

4.【参考答案】① 要求老师在书法教学中多鼓励学生;② 营造有利于书法教育的环境氛围(答"将名家书法、学生优秀作品上墙,增强文化氛围"等亦可);③ 开展丰富多彩的活动(如具体答出开展诸如"参观""评比""展览"等活动亦可)。

【得分技巧解析】此题考查运用材料解决现实问题的能力。应结合材料谈建议。作答时可参考第3题"中小学书法教育目前存在的不利因素"谈建议。

八、关注健康

(一)

1.【参考答案】解决了温饱问题的中国人,如今十分担心食品安全能不能得到保障。(意思对即可)

【得分技巧解析】漫画常常用简单而夸张的手法来描绘生活。解答时先仔细阅读漫画,从漫画形象入手,把握漫画的大致内容,然后思考漫画的寓意。这则漫画抓住"过去""现在"和"吃不起""不敢吃"两组词。

2.【参考答案】海陵市召开2016年食品安全工作会议。

【得分技巧解析】此题考查对新闻内容的概括,先找导语,再抓关键词概括主要事件。

3.【参考答案】运用比喻(引用)的手法,形象地说明了有毒食品屡禁不止。

【得分技巧解析】此题考查写作手法及作用。

4.【参考答案】示例:市长先生,您好!我是星光中学学生代表,对于如何解决食品安全问题,我想向您提两点不成熟的建议,请您指正。一是食品安全监管部门要加强监督,让执法人员深入市场、超市等地进行检查;二是加强舆论宣传,让消费者提高食品安全意识。

【得分技巧解析】此题为口语交际题,要点:称呼具备,陈述合理,语气委婉。

(二)

1.【参考答案】电脑视疲劳综合征是指长时间使用电脑,眼睛过度疲劳所引发的(视力及身心方面的)一系列症状(包括眼干、头晕、疲倦、恶心等)。

【得分技巧解析】① 这是一道概念解释题,首先

要从阅读材料中找到该概念出现的位置、所在的段落。不难发现,"电脑视疲劳综合征"这一概念出现在材料的第一段。而且第一段说明了"电脑视疲劳综合征"的引发原因、症状、患者数量、危害等方面的情况。② 根据题目要求,只要能说清楚什么是"电脑视疲劳综合征"就行,所以从第一段中主要选出"引发原因""症状"这些信息来就可以了。③ 答题用"电脑视疲劳综合征是……"这样的句式来表达。

2.【参考答案】C

【得分技巧解析】在"专家观点"一栏中,视疲劳缓解研究专家胡向明这样说:"过度的视疲劳会直接导致心、脑受损,这是'过劳死'的诱因之一。"而本题中的C项的表述是:"导致中国一年60万人'过劳死'的原因就是过度的视觉疲劳。"把"过劳死"的原因归结于过度的视觉疲劳一种因素,显然与专家的观点不相吻合。

3.【参考答案】① 在中国网民中年轻人所占比例很高,人数很多;② 许多年轻人长期面对电脑,容易引发过度视疲劳。

【得分技巧解析】① 材料中太原爱尔眼科医院的袁傫彦医生介绍了"青光眼"的致病原因,这就是"一个人如果每天面对电脑和网络的时间过长,就很容易引发过度视疲劳,患上青光眼";② "调查统计"表中10~19岁、20~29岁、30~39岁这三个年龄段中网民最多,分别占24.0%、30.4%、25.3%,也就成了"青光眼"的易患病人群;③ 在实际生活中,许多年轻人的用眼习惯很不好,这在阅读材料中多处提及。

4.【参考答案】① 不要长时间面对电脑、手机;② 不要躺着玩电脑、手机;③ 夜间不要关灯玩电脑等;④ 玩电脑一段时间后要远眺一会儿;⑤ 有高度近视的同学最好查一下眼底,及时发现问题;⑥ 电脑屏幕要干净;⑦ 屏幕亮度和颜色对比度应调至最舒适的状态。

【得分技巧解析】① 材料中列举了多个不健康用眼的案例,反对这些用眼的做法就是该题的答案;② 注意答案中所列举的做法相互之间不要雷同,各自的角度要是不同的。

(三)

1.【参考答案】① 会出现过敏反应,使人体免疫力

下降;②病菌产生耐药性;③导致儿童致聋致哑。(任意三点即可)

【得分技巧解析】① 材料一、二中表明滥用抗生素可能会导致儿童致聋致哑;② 材料三中网民"良心人"的话"完全不管病人服用抗生素后会不会有过敏反应",表明滥用抗生素有些病人会有过敏反应;③ 网民"青衫浪子"说"长期这样下去,非常危险,它会使人体免疫力下降,病菌产生耐药性",可见滥用抗生素有"使人体免疫力下降,病菌产生耐药性"的危险。

2.【参考答案】(1)中国滥用抗生素的情况十分严重,是老百姓的认识程度不够。 (2)抗生素滥用是一些医生的医疗水平不高和医德较差。 (3)滥用抗生素带来的后果只会是弊大于利。 (4)国家对滥用抗生素的重视程度不够,监管不到位。(答任意三条即可)

【得分技巧解析】① 材料二的表格中对比的五项内容都是滥用抗生素的行为,从数据看,无一例外,中国滥用抗生素的行为十分严重,这本身就是一个很有意义的结论;② 从医疗卫生这个角度去看滥用抗生素,可见中国医疗水平低;③ 从社会生产这个角度去看滥用抗生素,滥用行为反映了行业道德差这一问题;④ 从滥用抗生素

的后果看,中国已经出现了很多严重的使人残疾的问题。另外也可以从政府管理、普通民众的安全意识等角度进行推理。

3.【参考答案】C

【得分技巧解析】阅读材料二,加拿大存在无处方购买抗生素的情况,故 A 处不正确。阅读材料一,可知不合理使用抗生素,可导致聋哑。但导致儿童聋哑的原因,不只是没有合理使用抗生素,还有其他原因。阅读材料四中表述:从 2008 年开始,欧盟将每年的 11 月 18 日定为"欧洲抗生素宣传日",旨在宣传抗生素的合理使用。这表明从 2008 年开始,以后每年 11 月 18 日都是宣传日。选项 D 表达成仅仅是 2008 年的 11 月 18 日才是宣传日,此后的都不是。明显错误。

4.【参考答案】① 做好宣传工作,让老百姓知道滥用抗生素的严重危害,主动远离抗生素;② 提高医生的医疗水平,培养崇高的医德;③ 从国家层面立法来杜绝抗生素的滥用。

【得分技巧解析】这一道题应该联系上面的第二题来回答。也就是第二题答案中列出了由滥用抗生素行为得出的一些结论,这里就针对其中的问题来写解决问题的措施。